【長銷經典版】

漫畫莊子寓言哲學

作者 周春才

「道」是否可道？——國學是什麼？整個中國文化的可操作和可重複原則是什麼？

深奧的東西一定是和淺顯首尾相扣的，否則它就什麼都不是。中國文化就是這樣一個典型實例，也是本套叢書的表現或表達形式，所以大家既無須對其敬而遠之，也不要以為太過尋常，先哲的特點是平易和深刻。

在進入中國文化之前，我們將先涉及到其中最核心的機制——陰陽五行學說，說其核心，是因為無從繞開。

為了回答終極訴求問題，人類需要一個解釋系統；為了處理具體問題，人類需要一個推理模型。在中國文化中，陰陽五行學說即擔當著這樣的作用。

所謂的「解釋系統與推理模型」，實際上也即一般意義上的世界觀與方法論。其中世界觀也稱「宇宙觀」，它是指人們對於整個世界的根本看法，包括人對自然、社會、對自身命運與價值的認識；而方法論則是關於認識世界和處理問題的根本方法的學說，它與世界觀，也即對世界的解釋系統是一致的。一般說來，對世界的根本看法怎樣，觀察、研究和處理的根本方法就將怎樣。

所以要在當代多維的文化視野中還原中國文化的特徵和本來面目，只有從其世界觀和方法論入手，才不致隔靴搔癢，以訛傳訛。

在中國文化中，陰陽五行學說又被稱之為「道」，唯有陰陽五行這個中國文化之「道」，才可以回答我們什麼叫國學，什麼是中醫，加上老子在《道德經》中的闡釋，這個原則還可以回答我們看得見摸得著的一切是從哪裡來的宏闊命題，中華民族的核心價值觀也是由這個「道」派生的。

它回答了我們關於自己的門牌、地址，姓誰名誰、從何而來、要到哪裡去的問題。離開了陰陽五行學說，其他都是緣木求魚，或者說，全是雞湯。

這在中國文化最核心的元典《易經》中體現得再清楚不過了，並且差不多貫穿於中國文化的所有經典以及生活細節之中。但是現實卻令人錯愕，即便「三千年未有之變局」──中西兩種文化的最初碰撞已過百年，我們對自身的文化之道，比如「何謂國學」卻依舊雲裡霧中，人云亦云、不知所云。

有個叫《原道》的刊物辦了十幾年了，可謂是每天挖山不止，意在把這個「道」從別的不知什麼地方找出來，卻被一位著名學者認為是失敗了，因為它「原了十幾年，而沒有原出個『道』來。」又有一個著名學者認為或許是時間還不夠，故鼓勵主辦者「再辦十年」。更有另一位知名人士多少有些洩氣，大度地將其寄希望於下一代了。

這樣的公案本來尋常，卻因等級過高，尤顯荒唐。

「道」的迷失會把中國文化支解成相互沒有關聯的堆砌，乃至有人把五千年的文明史渲染成醬缸史、陰謀史，和一大鍋亂燉的格言警句，而不見體系，然後貽笑大方地滿足於「實踐是檢驗真理的唯一標準」以及「摸著石頭過河」什麼的。

「天人合一」一定要比「天人對立」更科學，大尺度時空中歸納的價值觀一定比小尺度片斷裡概括的價值觀更具普遍性和深刻性，這屬於基本理性，關乎的是文化大國的道義和使命，而非僅僅是估妄用之的叢林法則。

「道」本平易，一如宇宙的中心機制，既質樸又優美，一直以其「簡易、變易和不易」的形式，作為中國文化不證自明的真理，從其形成至今一直地默默地運行著，支撐著整個中國文化或文明。

說到「道」，繞不開的當然是老子，老子在中國文化中最集中地闡釋了「道」，所以儘管老子只是本套叢書的一個環節，為了敘述方便，我們還是從老子的思想開始介紹。

說是從老子開始，實際上我們更關心的是《老子》與《周易》的關係。

眾所周知，《周易》是整個中國文化作為體系的標誌，缺少了這一體系作支持，《老子》的思想就無以昇華，具備高於世俗層面的哲學價值。而以老子所處環境和其在中國文化中的地位而言，它也不可能游離於《周易》，是一個孤立的存在。

首先，老子的思想絕不可能是空穴來風，無源之水，而只能建構在一個其來有自和傳承有序的平臺之上。其次，在「周官失守，文化下移」之前，老子身為「國家圖書或檔案館館長」職務之便，使其較同時代的諸子更有可能接觸到具備的國家哲學意義的《周易》，再由於智慧的天賦、博大的胸襟，也使其得天獨厚，盡得先機。

《老子》上篇講「道」，下篇講「德」，所以又叫《道德經》。

「道」是老子哲學的最高範疇，即事物存在和變化的總規律、推動事物運動和變化的內在力量。「道」的提出說明老子思想有其體系的平臺。

「德」則可以理解為「順道而行」或按「道」的法則去生活，即一事當前，不勉強，不胡來之意，也即老子所主張的「無為」。

那麼數千年來，甚至在老子之前一個相當長的時間裡，中國人是「順」什麼而行、或按什麼樣的法則去「無為」的呢？

如果不牽涉《老子》，我們一般會首肯《周易》是整個中國文化的形而上依據，畢竟《周易》的產生更久遠，可以追溯到伏羲的「一畫開天」。只是由於老子的一句「道可道，非常道」，才使得我們由於擔心在《周易》這個明顯是「可道」的中國文化之「道」外，還另外有著一個「不可道」之「道」的存在，從而一不小心站到老子的對立面上，而貽笑大方，白白地冒天下一個大不韙，所以一般都對其採取敬而遠之的態度，輕易不去觸碰它。

應該說，無論如何，這個相當於西方哲學中本體概念的「不可道」之「道」確實存在著，在西方哲學中，這個本體概念幾近無從把握，比如實證科學因此將其在三維基礎上又假設出許多維，卻因為了這眾多的維，反而更無從把握。但在中國文化和老子的哲學中，這一概念則是以「可道」之「道」的捆綁形式，即透過將人類視作自然中的一個環節、而非主宰，也即「天人合一」的預設，有效地把兩者統一了起來，從而最大限度地把握和契合了這個「道」。借用佛教的語言來描述，這應該算是一種至高的覺悟和智慧了。

所幸，我們在《周易》所繫之《辭》中也同樣發現，在「聖人立象以盡意，設卦以盡情偽」之先，也有「書不盡言，言不盡意」之語，即《易經》的創制者也同樣深懷戒懼，自覺地將《周易》這一「可道」之「道」置於「不可道」之中，並同樣通過將人類視作自然中的一個環節、而非主宰，也即「天人合一」的預設有效而完美地把兩者統一和契合在了一起。

《易大傳》中說：「易與天地準，故能彌綸天地之道。」即《易經》（也即陰陽五行學說這個可道之道）透過與天地平行來把握自然這個不可道之道的，就人類在宇宙中的地位與屬性而言，這一定位無疑是明智的，而非利令智昏的。

反觀《道德經》，比照中國哲學史，我們會發現古人、這裡也包括老子本人，他們實際上都是順《周易》這個可道之「道」而行，或按《周易》這個可道的法則去「無為」的。老子的「道」無疑就是指《周易》所體現的自然法則。

近代以來，或者自從我們以西方文化為尺度，自覺或者不自覺地拿掉這一文化平臺之後，很快發現了這樣一個現象：即一個剛開始接觸中國哲學的人，首先遇到的障礙不是語言，而主要體現在古代先哲們表達思想的方式。它們大都非常簡短，相互不連貫，顯得說理不透，缺少鋪墊。

比如以格言形式寫成的《老子》通篇五千言，只相當於一個短篇文章的篇幅，《論語》每個段落也常常只有幾個字，各個章節之間往往顯得沒有關聯，而《莊子》中則更是充滿了許多神奇的寓言和故事。

於是與中國科學一樣，中國哲學也讓人覺得沒有體系的印象，以至於前輩學者每每這樣告誡後人，在涉足中國哲學之前，必要先由西方哲學入手，用以定位。否則我們就不能將老子、孔子等等納入到作為「哲學」的體系之中，和康德、黑格爾們去對號入座，好使他們也成為「哲學家」，並揭示出他們不如後者系統和嚴謹。

由此中國哲學的思想也和中國的文化與科學一樣，在以形式邏輯和還原論為基礎的西方文明這個唯一座標中，被寬容地定義為單憑直覺的「頓悟」、和「天才」的靈光乍現，而所有這些頓悟與發現都沒有體系作支持，進而將其肢解得味同嚼蠟，面目全非，壟斷為與大多數中國人、乃至與古代先哲都一律無關的「學術問題」。

就集中體現陰陽五行學說的《易經》而言，它是建立在辯證亦即整體論基礎上的一個哲學以及科學體系，是整個中國文化的解釋系統與推理模型。

中國辯證科學的成就使中國的哲學家有可能憑藉著這樣一套公共的解釋系統與推理模型而心照不宣，形成一種默契，而沒有必要各起爐灶，在無限延伸的形式邏輯、而不是在辯證邏輯基礎上，建立起一套又一套自己的說理系統，最後發展出西方那樣龐雜的哲學體系。

對此，清代學者吳世尚在為《莊子解序》作注時，曾做過這樣高度的概括：「《易》之妙，妙於象（即對具象事物所做的功能概括）；《詩》之妙，妙於情。《老》之妙，得於《易》；《莊》之妙，得於《詩》。而大旨歸於《老子》，《老子》則皆本於《易》也。《易》昌於天下之道，羲皇之圖（八卦）盡之。」

由此可見，先秦哲人，起碼是代表中國文化主流的孔子、老子、莊子等等，儘管他們仁者見仁，智者見智，觀點各不相同，但無一不是以《易經》這一公共的解釋系統與推理模型來表達自己思想的。

就是說，中國哲學是有體系的，並且是一個嚴謹的、已經完成了其理論建樹的體系。造成中國哲學是缺少關聯的堆砌、或者乾脆「沒有哲學」假象的原因，全在於我們沒有恢復《易經》在中國文化中的公理與公設地

位所至。

如果說在百年之前，在天人合一和整體論的背景下，這一公理與公設是不證自明的（就像西方文化在天人對立和還原論的背景下不言自明那樣），那麼在百年之後的今天，當我們與西方文明不期而遇之際，這一公理與公設則需要我們對其進行關於世界觀與方法論層面的求證和概括，否則就只能聽任它像個UFO那樣，「神奇」地徘徊於「理性的」抑或「樸素的」紛繁表象之中，在兩種文化常常是並行不悖的下游，雞同鴨講，各說各話。

中國文化的基礎理論是《易經》，《易經》的核心機制就是陰陽五行學說，太極圖是河圖、洛書、八卦與及六十四卦的形象化標誌，它們所揭示的核心理念也即陰陽五行學說，暨整個中國文化之「道」，並且是完成了理論建樹的可道之「道」。

儘管陰陽五行學說由於久墜風塵，看上去已經不那麼清白了，但是離開了這一學說，中國文化就沒有「博大精深」可言。用現代的、或者實證的語言可以這樣表述：

陰陽五行學說從字面上的表述就是對立統一：

就方法論的意義而言，則是在天人合一的世界觀指導下，以勾股定義這一數學公理為支點，用時間和空間為座標，將萬事萬物按其功能（而非具象結構）統一起來的邏輯體系。

相對於實證科學的形式邏輯，這一邏輯是辯證的，作者在其他作品中一再強調，所謂「辯證」的，也即關於整體的，所謂「整體」的，也即關於「關係」的。而在一個關於「關係」的體系之中，其用以把握事物的著眼點只能是「功能」。「功能」一詞是現代用語，古人稱之為「象」。

以「功能」、而不是我們今天已經習慣的結構作為體系的著眼點，是中國文化最易引起「直觀」、「頓悟」，乃至「靈光乍現」的誤解所在，天人合一的世界觀與整體論原則，決定了中國辯證科學統一場中的基本單位只能是功能，而非結構，因為唯其如此，才能確保事物的自然狀態不被

破壞，從而使其自發地達到存在和發展的最佳狀態，因而其最高境界是追求像自然那樣的鬼斧神工，了無痕跡。與老子「無為」的思想一致，在中國文化中、特別是在其辯證科學的領域內，這被稱之為「天工開物」。

舉例而言，易學體系中的「乾、坤、巽、震、坎、離、艮、兌」符號是對具象的「天、地、風、雷、水、火、山、澤」的功能歸納；就中國辯證科學最具典型意義的中醫來說，其「心為君主之官，肺為宰相之官，肝為將軍之官，脾為倉稟之官，腎為作強之官」之中的「官」則是對五臟的功能描述；中藥中的「寒涼溫熱四氣」與「酸甜苦辣鹹五味」之說，也都是對動植物、礦物等物質所作的功能概括，並賦予了這些功能與時間和空間的屬性；而在文化範疇內，戲劇中的虛擬，國畫中所傳之「神」、所寫之「意」，以及「天圓地方」之說，它們也無一不是「功能」的另外一種表達方式。

這就是涵蓋著科學與哲學的整個中國文化的可操作與可重複性原則，這一原則從方法論的意義上決定了中國辯證科學同時又是一種自覺的文化行為，而不是缺少自覺意識的純粹生存或本能行為。在數千年的時間裡，它使人類的行為始終建立在與自然的普遍聯繫之中，有效地維持了中國人心靈的寧靜和完整。

另一個被我們忽略得太久的是文化層面的問題，這就是相對於西方價值觀的直接來源是《聖經》，中國價值觀的基礎則是《禮記》。

「禮」透過取法天地，暨透過《易經》（陰陽五行學說）這個對宇宙法則的概括與類比系統——「道」為我們引申出的一個關於人與自然、人與人，抑或民族與民族之間如何融洽與和諧的關係大法，以及安身立命之信仰。禮也因此使我們的靈魂不必藉助彼岸的誘惑或恫嚇，而在此岸就能得到安頓和裁決，使我們不會功利地為了到天堂去享受才要做君子，用不著懼怕下地獄受熬煎也恥於做小人，從而使「禮儀之邦」的普遍意義得以覆蓋宗教而又逾越宗教。事實上，在中國文化中，幾乎所有的問題回答都是寄託於人智所及的邏輯範疇內部，而不藉助超自然的「怪力鬼神」。不藉助怪力鬼神，是中國文化的毅力所在，也是中國文化的智商體現。

就本質而言，人類確切使命是至今莫名的。所以事實上，人類文化的最直接和起碼的功能首先是確保種群的延續和壯大，在這個前提下，儒家學說的本質是為我們提供了一個在「家」裡解決問題的方案，強調和諧自洽，而非製造對立。從所謂普世的高度看，其深刻性和普遍性是最接近這一功能的。

總之，所謂「國學」，就是陰陽五行之學，所謂陰陽五行之學，也即「國學」，這一概念的正名可以提升我們民族的整體理性，以及相應的自覺、自尊與自信。

如前所述，深奧的東西一定是和淺顯首尾相扣的，否則它就什麼都不是。因為形式通俗，這是一鍋雞湯，因為有中國文化的核心機制做支持，這同時又是一鍋裡面有肉的雞湯。

2015.6.18

莊子對秩序很失望

時空是由秩序構成的，萬物就是一個由秩序構成的巨大的自組織系統，所謂自組織系統，也就是自然而然的系統，道家稱之為「道」。大到日月星辰，小至微塵蜉蝣，它們載沉載浮，天生天滅，無不統一在這個宏大循環之中……

基於這一前提，從道家的觀點來看，我們有史以來經歷的所有的秩序無一不是人為的，也即不自然的，而不自然的秩序一定會出問題。

莊子對現實是持否定態度的，莊子對現實的否定也即對一切人為秩序的否定。

這一否定給予我們的重要啟示是：即便人類一定離不開某種秩序，那麼我們也不應該對其預期過高，甚至也無須預期過低，對任何一種秩序預期過高或過低，都會叫我們付出相應、抑或是慘痛的代價，起碼會使我們變得庸俗和淺薄。假定人類由於沒有產生自我意識而從動物種群中獨立出來，假定人類沒有因為使用工具而讓生產力得到提高了不恰當的程度，那麼一切問題也就無從產生了。

自我意識滋生了私欲與貪婪，剩餘價值產生了誘惑與傲慢，它們如影相隨，與人類一同步入了文明的門檻，然後又從生物學的層面，每每將人類重新帶回到弱肉強食的叢林法則之中。

這使人類不得不匆忙地面對這樣一個不期而遇的難題，即如何建立一個自然不曾賦予的秩序系統，用以安頓心靈，維繫存在。

應該說，在天人合一、也即人是自然的一分子，而非主宰的前提下，對自然的敬畏並未使中國的先民凱歌高奏，膨脹為宇宙的管理者。他們希望儘可能不另起爐灶，而是透過仿效自然並與其保持平行的情形下，構建起一套與之相與協調的秩序，然後將人類的行為重新納入到自然的那個大系統之中……大量歷史資料表明，自新石器末期開始，至遲到西周時期，以《周易》為標誌，中國文化已經完成了理論建樹。

為什麼一定要以《周易》為標誌呢？在此，我們不妨借用一下古希臘哲人柏拉圖說過的話：「真正的知識存在於兩個層次，只有在第二個層次，即形式的層次，我們才能找到知識的所在，真正的知識是關於形式的知識。」而太極為標誌，《周易》恰恰為中國文化提供了這樣一個難以撼動的核心，暨一個形式完美、邏輯嚴謹的解釋系統與推理系統。

靠著這個解釋系統與推理系統，中華文明在哲學上形成了天人合一的宇宙觀；同時為保障人與自然的普遍聯繫不被人為割裂，在科學上確立了用時間和空間為座標，把萬事萬物用功能（而非結構）統一起來的邏輯體系；在文化上則將和諧——即「禮」作為最大價值共識。延續數千年的中華文明體系或道統就是在此基礎上完成的，儘管在生產方式的制約下，尚需足夠的交通與通訊作保障，但是縱觀有中國文化理想國之稱的《周禮》，我們仍會歎服其設計的宏大與縝密，比如其監察與制約機制即便是放到今天也不失嚴謹。如果這樣一種秩序出了問題，那麼一定是人類本身出了的大問題。

春秋末年以降，由於鐵器的廣泛應用，生產力空前提高，剩餘價值得到了大幅增加，固有的平衡被打破，在私欲與貪婪的驅動下，發端於黃帝，完成於周公的禮樂文明，價值體系迅速瓦解，仁義道德異化為爾虞我詐和巧取豪奪的藉口與工具，在利益的重新整合中，中國進入了劇烈的擺盪期。

道家敏銳地捕捉到了這一現象的本質，與其說是現行秩序出現了破

綻，毋寧說是人類本身出現了大問題，而人類的秩序系統即使再完美，再縝密，也無助於解決這個大問題。

實際上是道家的楚隱者與孔子學生子路的對話應該是二者的最直接表白：

楚隱者說：「世道衰落，禮崩樂壞，私欲如同滔滔的大水氾濫，天下都是這樣啊，你們和誰去改變這種現狀呢？」意在救己。

孔子聽後對子路說：「人與鳥獸是不可同群的，我不同世人相處，又和誰相處呢？如果天下太平，我就不會與大家一起去改變這種現狀了。」志在救世。

作為道家代表的莊子無疑是救已派，沒落貴族的身世使其遠離主流，天賦的敏感使其性格內向，所以與其說莊子崇尚自由，不如說莊子崇尚尊嚴。而在充滿動盪和憂患的現實世界中，到處是螳螂捕蟬黃雀在後的傾軋與尷尬。在夾縫中生存的每一個個體生命都無所謂自由與尊嚴。這使他意識到，要保持自由與尊嚴，就要盡可能地與所處的環境拉開距離。他希望透過摒棄世俗價值的約束、拒絕合作，來保全人格的獨立和完整，去追求無條件的精神自由，從而使心靈得到解脫與超越。

這使他自覺地退出了秩序之外，而秩序之外的旁觀者身份也賦予了他精闢和冷峻的洞察力。

莊子認為，人們置身這樣的秩序中，要麼利用、要麼被利用，都是對生命的戕害與褻瀆，所以他既排斥儒家取法自然的仁義道德、亦否定墨家具有烏托邦性質的平等博愛。面對人類的私欲與貪婪，對任何一種秩序的選邊都是幼稚可笑的。

但是事實上，在利用與被利用之外，莊子還是別開蹊徑，給後人、或者說給中國的知識分子開闢了第三條路，也就是他自己選擇的這條路。

孔子把中國的知識分子帶進秩序中，叫他們滿腔熱情的學以致用，立功立名，修身、齊家、治國、平天下。但他們一旦受到挫折和打擊，莊子就把他們從秩序中收容過來，消除他們的鬱悶和創傷，使他們的心靈得到撫慰。莊子以其所確立的「精神自由」深刻地影響著中國的知識分子，為他們提供了豐富的精神營養和用以安頓心靈的精神家園，也塑造了最具中國文化特徵的關於「自由」的完美原型。

而賴於莊子所面對的秩序在理論上的完美與嚴謹，使其得以超越對具體社會現象的憤世嫉俗，昇華成對人類秩序本身進行質詢，具備了理性的高度和永恆的價值。這是道家的幸運，也是莊子的幸運。

在秩序之內人們的眼中，鵬鳥一飛沖天，扶搖直上九萬里，背負青天似乎沒有什麼力量能夠阻礙它了；而列子樣子輕盈美好地御風而行，一去十五日方才返回。他們超凡絕塵，似乎已迫近了自由極限，但在秩序之外的莊子看來，由於不能不有所憑藉，所以都算不上獲得了真正意義上的自由或尊嚴。

關於人類秩序之藏否、或者說是救世與救己的不同主張自古及今一直存在著，甚至是一個統一的整體，世要救、己也要救，二者各行事，並行不悖，無疑都有其自身的合理性與價值。

目次

莊子的生平

莊子的生平

莊子，名周，是老子思想的傳承者，與老子並稱為道家學派的創始人。莊子生活的年代大約在公元前369至公元前286年。據考證，莊子是楚國蒙地人①，曾經做過當地管理漆園的小吏。

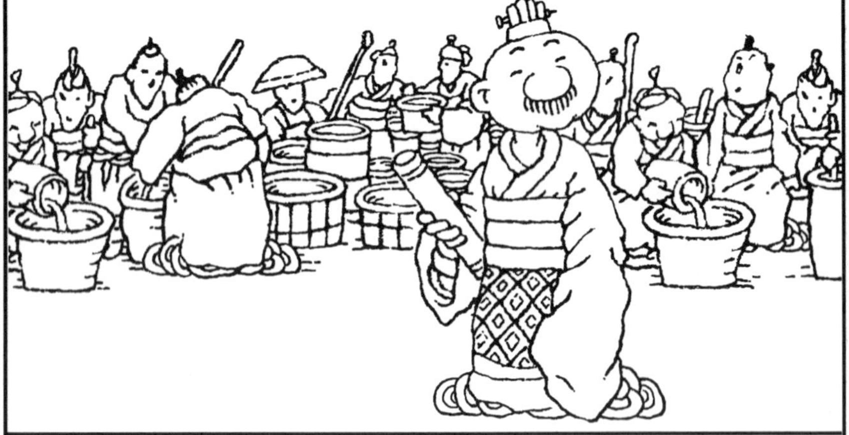

蒙地原屬宋國，因公元前286②年齊滅宋後，齊與魏、楚三分此地，因蒙地屬楚，故莊子為楚人。他往來於趙、魏各國之間，與楚國關係較深，和楚威王、楚頃襄王都有往來。

【註釋】

①楚國蒙地：今河南商丘東北，一說今安徽蒙城。

②公元前286年：楚頃襄王十三年。

莊子一生著述甚豐，作為沉思默想、不求聞達的隱士，並未參與任何可考的歷史事件，因而後人無法給出他一份脈絡清晰的履歷。

提到莊子的身世，不得不追溯至其出生前的公元前387年，那時在「戰國七雄」中的楚國發生了一個重要的歷史事件，即吳起變法。這一事件直接影響到日後莊周的成長歷程。

吳起變法

從周天子列土封疆到戰國中期的六個世紀中，隨著鐵器的應用，生產力有了大幅度地提高，所謂的「男耕女織」，「五口之家，百畝之田」的自然經濟生產方式日趨形成。

與此同時，各諸侯國內部也出現了一個日益龐大的有閒階層，「生之者寡，食之者眾」，社會矛盾日趨尖銳，各諸侯國面臨巨大的生存壓力。

在這種形勢下，各國有識之士紛紛倡導變法，試圖拆去「刑不上大夫，禮不下庶人」的藩籬；一些具有遠見卓識的諸侯王出於富國強兵、稱霸中原的需要，也急於起用這些變法圖強之士。

戰國時期，先後出現過魏國的李悝、秦國的商鞅、楚國的吳起三大改革家，他們胸懷遠大，功名心切，其中吳起尤以才高德薄、出手老辣著稱：為了能在魯國統兵抗齊，他不惜親手殺死自己的齊國妻子以換取信任；在魏國帶兵時，他可以親口為士兵吮吸濃瘡。作為一代豪傑，他確實居功至偉，為楚國的強大作出了巨大貢獻。

楚國由於自然條件優越，百姓勤勞，原本國力豐厚。但是到吳起變法時，楚國已成了財政匱乏的「貧國弱兵」。朝廷公族眾多，人民不堪重負，社會對立情緒嚴重。吳起就是在這種情形下從魏國來到楚國，被楚悼王委以重任的。

吳起力主「捐不急之官，廢公族疏遠者，以撫養戰鬥之士」，即把那些領奉不做事的閒官、散官裁汰一批，實行「減政」。首先將貴族的三代以下閒散子孫統統貶為庶民，讓他們自食其力；然後用節省下來的財政收入蓄養精兵，以與中原各諸侯國爭雄。

為了使被貶為庶民的貴族後裔不致聯合作亂，吳起下令將他們疏散到邊陲地區，讓他們開荒種地，過自食其力的平民生活。

莊氏是「楚莊王之後，以謚為氏」。楚莊王公元前613年即位，卒於公元前591年。從公元前591到公元前387年吳起變法已有二百餘年，三十年為一代，到莊子父祖輩時，早已過了三代，無疑遭到貶謫。

楚悼王於公元前318年去世，吳起失去了王權的庇護，變得孤弱無靠，被他排擠的貴族立即聯合起來，攻打王宮追殺吳起。吳起跑到楚悼王的屍體下躲藏，貴族們射殺了吳起，也射中了楚王屍體。

而那些參與作亂的貴族們也因傷害王屍的「夷宗」大罪，被繼位的楚肅王所誅滅，規模達「七十餘家」。莊子的父祖輩應該就是這時為避「夷宗」之禍而越境遷居宋國蒙地的，所以從根本上說，莊子還是楚國人。

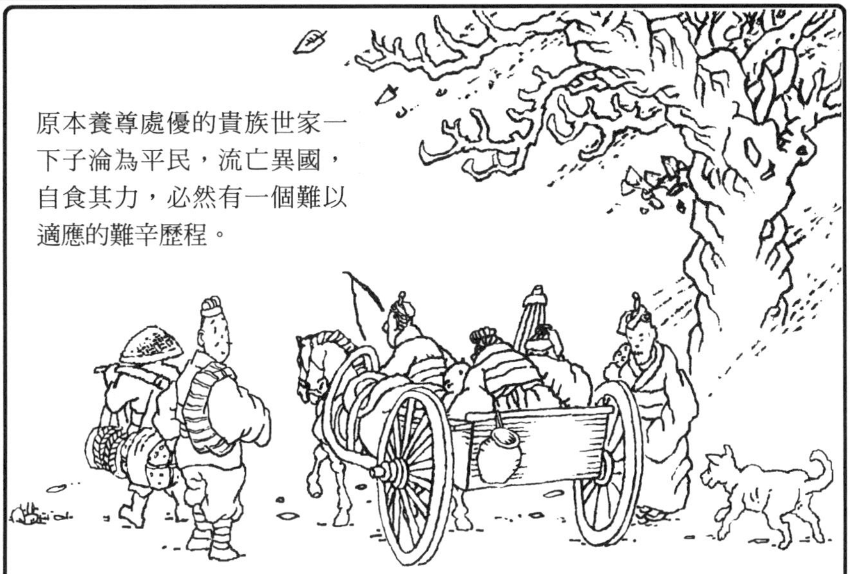

原本養尊處優的貴族世家一下子淪為平民，流亡異國，自食其力，必然有一個難以適應的難辛歷程。

據合理推測，莊周應該在楚國公族作亂十二年後③出生於宋國，莊子天質聰穎，加之其貴族的家庭背景，他一定讀了許多書，並在耳濡目染中受到過很好的教育，這些也為莊子日後成為一個影響深遠的哲學家、思想家和文學家提供了不可或缺的條件。

【註釋】

③楚國公族作亂十二年後，即公元前369年。

莊子的幼年時代生活在充滿動蕩和憂患的環境中，物質生活上的匱乏姑且不論，心靈上也一定承受著沉重的壓力。這樣一種成長經歷，對生性敏感的孩童來講，形成一種內向型人格可以說是順理成章的。

幼小的莊子必然深受刺激，過早成熟，並就此思考了很多關於人生意義、人類前途及至人在自然中的定位等重大命題，而道家思想更為莊子的思考提供了極為開闊的時空視野。

莊子雖然一生淡泊名利，主張修身養性、清靜無為，但在他的內心深處卻充滿著對世態的悲憤與絕望，從他哲學有著退隱、不爭、率性的表象上，可以看出莊子原本是一個對現實世界抱有滿腔熱忱的人。

因為愛之深、所以恨之切，莊子認為做官戕害人的自然本性，不如在貧賤生活中自得其樂，其實就是對現實情形過於汙濁的一種強烈的覺醒與切割。

因為世道汙濁，所以他主張退隱；因為世事紛爭，所以他主張與世無爭；因為人生有太多不自由，所以他強調率性而為。

漆園小吏

在抑鬱寡歡中成長的莊子，對人類的存在、社會規範、自然奧祕等恆古困境深感迷惘，這使他一生都沉浸在探索真的渴望，以及探尋自然奧祕的萌動之中。

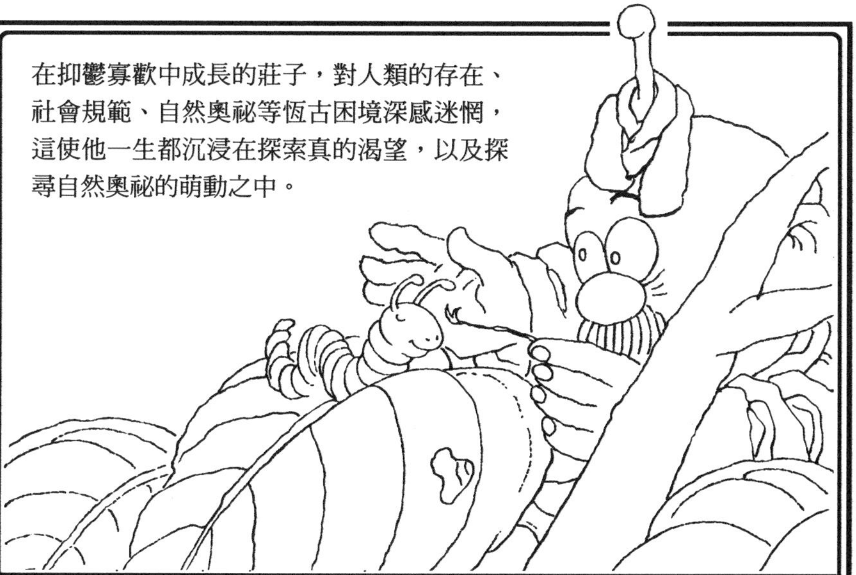

然而，人無法僅靠理想生存，莊子讀書寫作之餘仍需一份養家糊口的職業。作為落泊異國的貴族後裔，莊子沒有任何田產可以繼承，於是莊子只好靠手工業為生。莊子是一個心靈手巧的人，他可以織出非常精緻的草鞋，能製作精美的漆器，並對木工、陶工、屠宰、洗染等許多手工業都十分精通。

司馬遷記載「周嘗為蒙漆園吏」，證明莊子曾因技藝的精湛，做過一任管理漆器作坊的小官吏。

科學發源於技術。莊子在手工業勞動的實踐過程中，對各種物質的功能屬性一定會有較為深刻的認識和體驗，並透過這種體驗進入了「道」的精神修養和哲學境界。

在《莊子》一書中，莊子記載了許多手工業者，莊子記載許多手工業者，借此抒發詩意情懷，並引出痛楚思索後的哲學結論。其中既有大量的感性經驗，也不乏依據辯證邏輯的想像和推理。這種悉心於技藝的經驗體會可說是莊子思想的源泉。

自〈外物〉文中推估，莊子管理漆器作坊的時間並不太長。曹商出使秦國獲得賞賜後來看莊子，他正在打草鞋，很可能是又在以打草鞋為生，並且曾經向監河侯借貸過糧食，見魏王時也穿得十分破舊。所以莊子一生都應該是在清貧中度過的。

交友授徒

對莊子影響最大的無疑就是老子了。莊子的思想承襲自曾做過周朝典藏史的老子，而老子的思想則來源於事實上具有國家哲學高度的《周易》，以《周易》為模範，中華文化此時已經完成了理論建構，經過老子的闡釋後概括為「道」。

逆境中成長的莊子悟性極高，他從對大自然的觀察與在工藝技巧的體驗中，發現了「道」的普遍存在。比如關於人類與生俱來的重大問題：人從哪裡來？要到哪裡去？莊子給出了這樣的答案——人從道中來，回歸道中去。

「道」的時空尺度讓莊子在宇宙和生命本體問題上提出了最徹底、深刻的解釋，並足以從邏輯上自圓其說，覆蓋掉後人對此的所有認知，具有最普遍的意義。

儘管基於實際上相同的解釋與推理模型，但在處世原則和人生觀上，莊子的理論與當時流行的儒家學說正相反，主張人應淡泊功名，養生全真。

應該說，莊子思想在邏輯上是完美的，在認識上無疑也是深刻的，因而很快贏得了許多人的好奇與崇拜，尤其受到那些徘徊於社會邊緣，並具有道德操守和內心世界豐富的知識分子的關注。於是一套本來屬於退隱山林的學說，反而為其創造者彰顯了聲名。

所以，莊子有不少追隨者乃至位高權重的朋友，莊子與惠子的交往構成了莊子生涯中最動人心弦的一幕，莊子曾為此專門作過一篇「匠石運斧」④以形容兩人間的默契。

【註釋】④匠石運斧：見本書257頁。

惠施是當時一流的政治家、外交家，也是名家⑤「合同異」派的代表人物。他在魏國先後擔任了十二年宰相，實際掌權近二十年，令「民人皆善之」。

【註釋】⑤「名家」指的是中國先秦諸子百家中的一家，對邏輯與辯證之學尤為重視。

惠子主張「去尊」、「偃兵」，變法圖強；開六國稱王之局，是山東六國「合縱」政策的實際組織者。這樣一個風雲人物，卻是隱士莊子一生唯一的契友。惠施年長於莊子，大約於公元前370至公元前310年之間去世，莊子和惠子一起討論切磋的問題範圍廣，深度大。

莊子妻子死的時候，惠施作為退休宰相親自參加弔唁活動，可見二人關係非同一般。有這樣一位身居顯位的朋友，即使他再與世無爭，也必然會有很高的知名度。

因此在私學盛行的戰國中期，莊子應該有不少的弟子和崇拜者，並且這些弟子和崇拜者有可能到惠施手下去為官。所以莊子應不是一隱了之，而是在退隱理論的指導下，過著一種恬淡寡欲、孤高自守、沉思默想、著述不輟的學者生涯。

終身不仕

基於自然之道的價值觀，莊子產生了對社會現實的否定傾向。因此，他難以參與任何政治活動，甚至難以融入一般社會生活。抱著這樣一種清靜無為、潛心學問的態度和志向，莊子成就了永垂不朽的文化事業。

在人生哲學方面，莊子提出了一套能夠緩解人們心理困惑的修養方法，並展現了他對精神自由的強烈嚮往與追求。因此，莊子的哲學在中華文人心目中成為最能滿足想像力需求、最契合其內心深處隱微感受的精神依歸。

有人辭官
歸故里
有人星辰
赴科場

在儒家的規矩嚴整與佛家的禁欲冷峻之間，莊子為他們提供了一方自由呼吸的空間。在反對人為束縛、保全「生命」自由的過程中，他為人們開闢出一條遠離塵世紛擾的靜謐蹊徑和精神的庭院。

物我兩忘的「天人」觀

莊子主張精神上的逍遙自在，因此在形體上，他也試圖達到一種不需要依賴外力便能成就的逍遙自在。莊子認為宇宙萬物原本平等，人只是自然的一個環節；唯有人融入萬物，才能與宇宙達成和諧，進而獲得發展的最佳狀態以及心靈的寧靜與完整。護養生命的最佳途徑在於物我兩忘，安於時勢，順應自然。

莊子認為德性充足時，生命自然就會流露出自足的力量。

莊子主張宇宙與人之間的關係為「天人合一」，對於生死有鞭辟入裡的見解。他認為「道」賦予人形貌，「天」賦予人形體，人應順其自然，不因喜好而損害本性。他從人的完整生命出發，思考人應當度過一個怎樣的生命旅程。

來自天道之環和人生邊際的反思，使莊子的哲學昇華為一種具終極意義的生命哲學。在莊子的哲學中，「仁義」二字被視為儒家思想的標誌，而「道德」一詞則是道家思想的精華。莊子所言的「道」即天道，亦即自然之道。

在莊子的哲學中，「天」與「人」是相對立的兩個概念。「天」代表著自然，而「人」指的就是「人為」的一切；將「人為」合起來，便成一個「偽」字。

天（自然）　　人（人為）

偽

莊子主張順從天道，而摒棄「人為」，摒棄人性中那些「偽」的雜質。順從「天道」，從而與天地相通的，便是莊子提倡的「德」。在莊子心目中，真正的生活應是自然而然的，因此不需要去教導什麼、規範什麼，而是要去除、忘卻、摒棄一切世俗的成見、機心與是非。

既然如此，就用不著政治宣傳、禮樂教化、仁義和勸導。莊子認為這些宣傳、教化和勸導都是人性中的「偽」，應予摒棄。

基於「道」是「先天地生」的，從「道未始有封」一切事物都在變化的辯證理論可以看出，莊子反對任何「人為」，主張放棄生活中的一切進取之心。又認為一切事物都是相對的，因此他否定知識，否定一切事物的本質區別，極力否定現實，憧憬一種「天地與我並生，萬物與我為一」的主觀精神境界，隨遇而安，逍遙自在。因此，他的思想帶有無所作為的相對主義和聽天由命的宿命色彩。這也解釋了為何道家學說能與儒家學說互補，卻始終無法取代儒家而成為中華文化主宰的根本原因。

浪漫豁達的生死觀

生命的自然大限構成了人類的悲劇意識。對死亡的恐懼無疑是人類最根深蒂固的本能之一。一切迷信活動、神話乃至宗教無一不與此本能相關。

莊子思想則為人類提供了一種超越死亡恐懼的豁達解釋：「人之生，氣之聚也；聚則為生，散則為死」。

相對於西方的實證科學，中國辯證科學認為，世間萬物皆由「氣」構成，人類也不例外。正因為莊子堅信這種「通天下一氣」的觀念，自然就對死亡持有一種豁達而超然的態度。

莊子行將辭世之際，他的弟子們準備厚葬自己的老師。莊子得知後，幽默地說：「我死了以後，大地就是我的棺槨，日月就是我的連璧，星辰就是我的珠寶玉器，天地萬物都是我的陪葬品。這樣的葬具，豈不已然豐厚？你們還能再添些什麼呢？」

弟子們說：「老師呀！要那樣的話，我們還不是怕烏鴉、老鷹把老師吃了嗎？」莊子說：「將我置於野地，你們擔心烏鴉、老鷹吃了我；那埋於地下，就不怕螞蟻吃掉我嗎？你們把我從烏鴉、老鷹嘴裡搶走送給螞蟻，為什麼那麼偏心呢？」

一位思想深透而敏銳的哲人，一位儀態萬方的散文大師，就這樣持著一種浪漫豁達的態度和懷著一種無所畏懼的心情，從容地走向了死亡，走向在常人眼中充滿惶恐的無限虛無。這就是莊子。

《莊子》

逍遙遊

莊子說：北方的大海裡有一條魚，它的名字叫做鯤，鯤的長度真不知大到幾千里；

鯤變化為鳥，它的名字叫做鵬。鵬的脊背真不知長到幾千里；當牠奮起而飛的時候，那展開的雙翅就像天邊的雲。這隻鵬鳥啊，隨著海上洶湧的波濤遷到南方的大海。這個南海，就是傳說中的天池。

《齊諧》是一部專門記述怪異事情的書，書中記載：「鵬鳥遷徙到南方的大海，振翅擊水，能激起寬達三千里的波濤，海面上急驟的狂風盤旋而上，直衝九萬里高空。牠離開北方的大海，要用六個月的時間方才停歇下來。」

春日原野上蒸騰浮動的雲猶如奔馬的霧氣，低空中飛揚騰舞的塵埃，都是大自然裡各種生物的氣息吹拂所致。天空是如此湛藍，難道這就是它真正的顏色嗎？抑或是高曠遼遠，沒法看到它的盡頭嗎？鵬鳥在高空往下看，不過也就是這個樣子罷了。
再說水匯積不深，它浮載大船就沒有力量。倒杯水在廳堂的低窪處，那麼小小的芥草，也可以給它看作是一條船；如果放一個杯子，它就黏住不動了，因為水太淺而船太大。

風積聚的力量不雄厚，就沒有足夠的力量負載巨大的翅膀。所以鵬鳥高飛九萬里，狂風就在身下，方才能夠憑藉風力飛行，背負青天而沒有什麼力量能夠阻遏，然後才能像現在這樣飛到南方去。
莊子

寒蟬和小灰雀譏笑牠說：「我從地面急速起飛，碰著榆樹和檀樹的樹枝，常常飛不上去而落在地上。你為什麼要到九萬里的高空而向南飛呢？」

到迷茫的郊野去，帶上三餐就可以往返，肚子還是飽飽的；到百里之外去，要用一整夜的時間準備乾糧；到千里以外去，三個月以前就要準備糧食。

寒蟬和灰雀這兩個小東西懂得什麼！小聰明比不上大智慧，壽命短比不上壽命長。

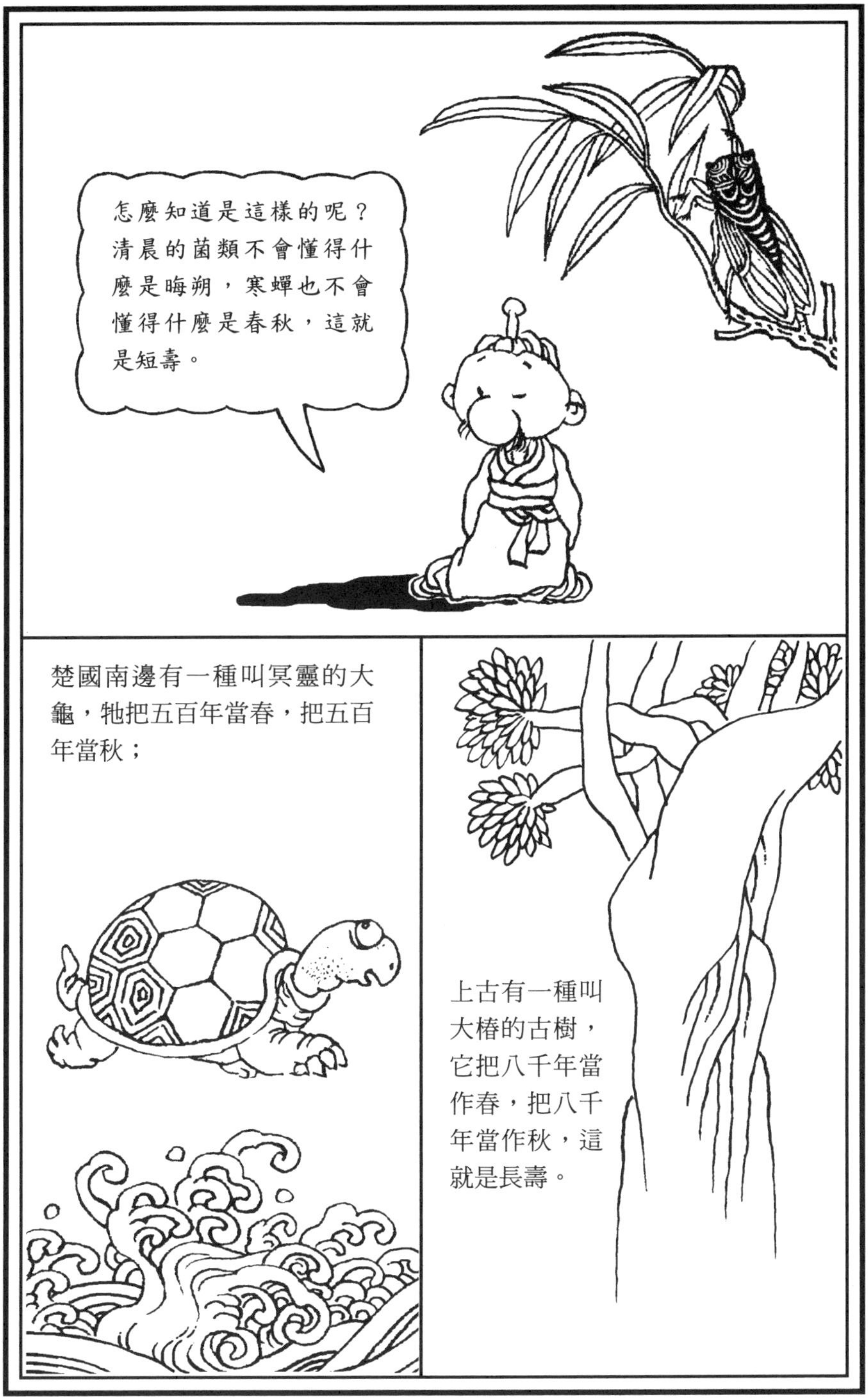
怎麼知道是這樣的呢？清晨的菌類不會懂得什麼是晦朔，寒蟬也不會懂得什麼是春秋，這就是短壽。
楚國南邊有一種叫冥靈的大龜，牠把五百年當春，把五百年當秋；
上古有一種叫大椿的古樹，它把八千年當作春，把八千年當作秋，這就是長壽。

彭祖
可是彭祖到如今還是以長壽聞名於世，人們與他攀比，豈不可悲可嘆嗎？

到南方賣帽子的人
北方的宋國有人到南方的越國販賣帽子，
到了越國後，才發現這裡的人滿身刺著花紋，從來不蓄頭髮，根本沒有戴帽子的習慣。

不龜手之藥

祕

宋國有戶人家，能調製一種防凍手裂的藥物。這戶人家祖祖輩輩以漂洗絲絮為生。
有個人聽說了這件事，願意出一百金的高價來購買這種防凍手裂的藥方。
這事兒得容俺跟媳婦商量一下。

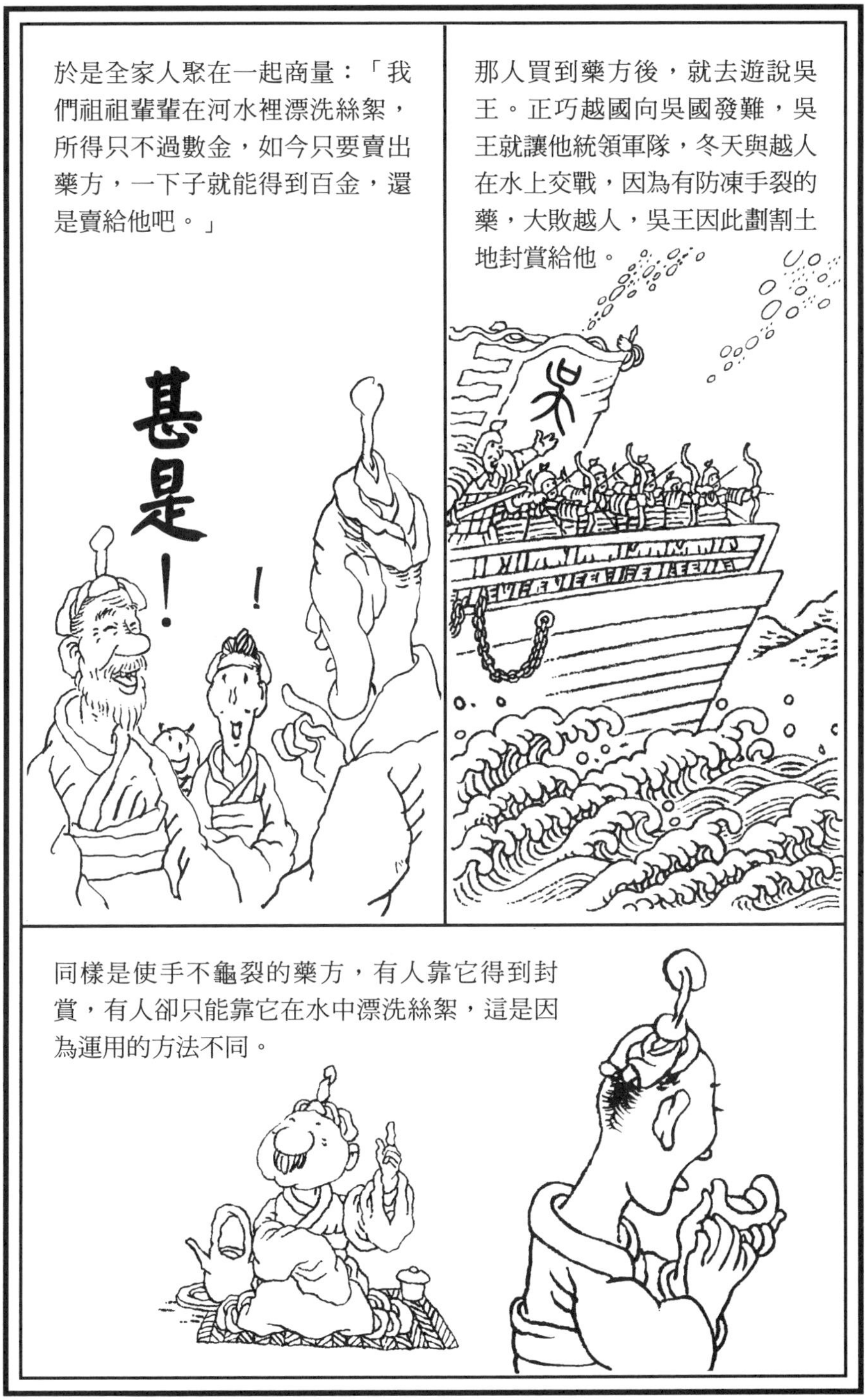
於是全家人聚在一起商量：「我們祖祖輩輩在河水裡漂洗絲絮，所得只不過數金，如今只要賣出藥方，一下子就能得到百金，還是賣給他吧。」
甚是！
！
那人買到藥方後，就去遊說吳王。正巧越國向吳國發難，吳王就讓他統領軍隊，冬天與越人在水上交戰，因為有防凍手裂的藥，大敗越人，吳王因此劃割土地封賞給他。
吳
同樣是使手不龜裂的藥方，有人靠它得到封賞，有人卻只能靠它在水中漂洗絲絮，這是因為運用的方法不同。

人籟、地籟和天籟
南郭子綦靠著几案坐著，抬頭向天緩緩地吐氣，那神情就好像精神脫離了軀體似的。
南郭子綦
他的弟子顏成子游侍立在旁，問：「這是怎麼了呢？一個人的形體固然可以像枯樹，難道精神和思想也可以讓它如同死灰嗎？您今天靠著几案而坐，和以往靠著几案而坐的神情迥然不同啊！」
顏成子游

子綦回答說：「偃⑤，你這個問題問得好！今天我忘掉了自身的存在，你知道了嗎？你可能聽說過『人籟』而沒有聽說過『地籟』，即便聽說過『地籟』也沒聽說過『天籟』吧！」
【註釋】⑤偃即顏成子游。
南郭子綦
顏成子游
請老師指點它們的真實含意。
子綦說：「大地吐出的氣，叫做風。風不吹則已，一吹整個大地上所有的空洞好像都怒吼起來。你難道沒聽過那狂風呼嘯的聲音嗎？」

「山陵上高低陡峭的各種地方，腰身百圍大樹上的大小孔穴，像鼻子的，像嘴巴的，像耳朵的，像方孔的，像柵欄的，像舂臼的，像深池的，像淺池的。」
「它們發出的聲音，有的像流水沖擊；」
嘩
「有的像迅疾的箭鏃；」
嗖
啾啾

「有的像喝叱；」
「有的像細細的呼吸；」
吼
「有的像吶喊；有的像嚎啕大哭；有的像悲嘆；有的像哀啼。」
哇
「前面嗚嗚地唱著，後面呼呼地相和。」
「清風徐徐則小聲應，長風呼呼則大聲和。」
南郭子綦

「強風過後，萬般竅孔也都寂然無聲。你難道沒有看到萬物隨風搖曳的樣子嗎？」
子游說：「這麼說，地籟是從萬物的竅穴裡發出的，人籟是從各種簫管裡發出的，那麼請問什麼是天籟呢？」
子綦說：「風吹萬物，聲音各自不同，但那些聲音都是出於竅穴自身，還有誰會使它們發出聲音呢？」
所謂天籟，就是自然的聲音。
南郭子綦

什麼是萬物的主宰

沒有我的對應面就沒有我的存在，沒有我的存在也就無法呈現我的對應面。這兩者距離很近，但卻不知道是受什麼所主宰。好像有主宰，但又尋不到它的跡象。

能夠去實踐並得到驗證，然而卻看不見它的形體，它是真實卻又無形可見的。
莊子

誰是身體中的「真君」

眾多的骨節，眼、耳、口、鼻等九竅和心、肝、腎等六臟，全齊備地存在於人體內，我對它們哪部分更親近呢？對它們，你都是一樣的喜歡嗎？還是對某一部分有所偏愛呢？每一部分都只是隸屬者嗎？難道隸屬者之間就不能相互管理嗎？還是它們輪流做君主呢？難道真的有「真君」主宰？

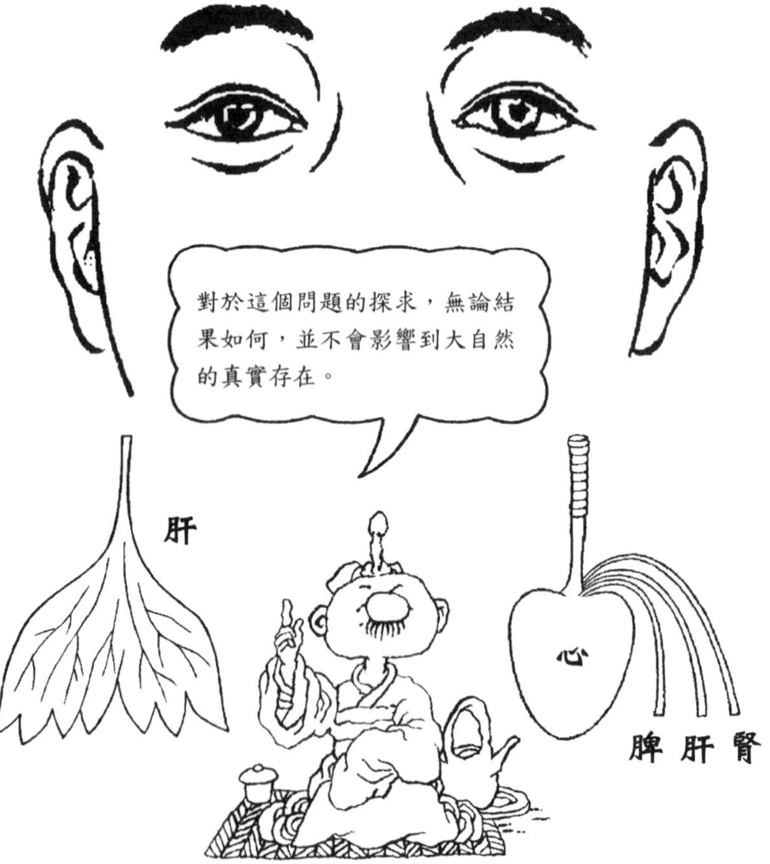
對於這個問題的探求，無論結果如何，並不會影響到大自然的真實存在。
肝
心
脾 肝 腎

莊子的迷茫

人一旦稟承天地之氣成形，就只能活著等待死亡。
他們與外界環境針鋒相對、相互消耗，就像快馬奔馳那樣不能停止，這不是很可悲嗎？
他們終身忙忙碌碌總是不成功，一輩子困頓疲勞卻不知自身的歸宿，這難道不悲哀嗎？這種人就算不死，又有什麼益處？
生老病死

人的身體會漸漸衰老，人的心靈也會跟著一起衰竭，這難道不是最大的悲哀嗎？

人生在世，原本就是這樣迷茫無知嗎？還是只有我一個人迷茫，而世人也有不迷茫的呢？

朝三暮四

有個人用橡子餵猴子，宣布說：「早上給三升，晚上給四升。」猴子們聽後非常生氣。
反對
養猴子的人改口說：「那麼早上給四升，晚上給三升吧。」猴子們聽了，立刻歡呼起來。
哼哼，朝四暮三很符合養生之道。
嘻嘻，其實都一樣。

是與非的區別

齧缺問王倪：「先生知道萬物相同的地方嗎？」王倪回答說：「我怎麼知道呢？」
先生知道萬物相同的地方嗎？
我怎麼知道呢？
齧缺又問：「先生知道自己所不知道的東西嗎？」王倪回答說：「我怎麼知道呢？」
王倪
齧缺又問：「那麼萬物都是無知的嗎？」
齧缺

王倪回答說：「我怎麼知道呢？不過我還是試著回答你吧。你怎麼知道我說知道不是不知道呢？你又怎麼知道我說不知道不是知道呢？」
你怎麼知道我說知道不是不知道呢？
你又怎麼知道我說不知道不是知道呢？
「我問你，人睡在潮濕的地方，時間長了就會腰痛甚至半身不遂，泥鰍也會如此嗎？」
「人們住在高高的樹上，就會嚇得膽戰心驚，猿猴也會如此嗎？」

人、泥鰍、猿猴三者到底誰知道標準的居住方式呢？
「人吃牲畜，」
「麋鹿吃草，」
「蜈蚣喜歡吃小蛇，」
「貓頭鷹和烏鴉則愛吃老鼠。人、麋鹿、蜈蚣和貓頭鷹，誰知道什麼是真正的美食呢！」

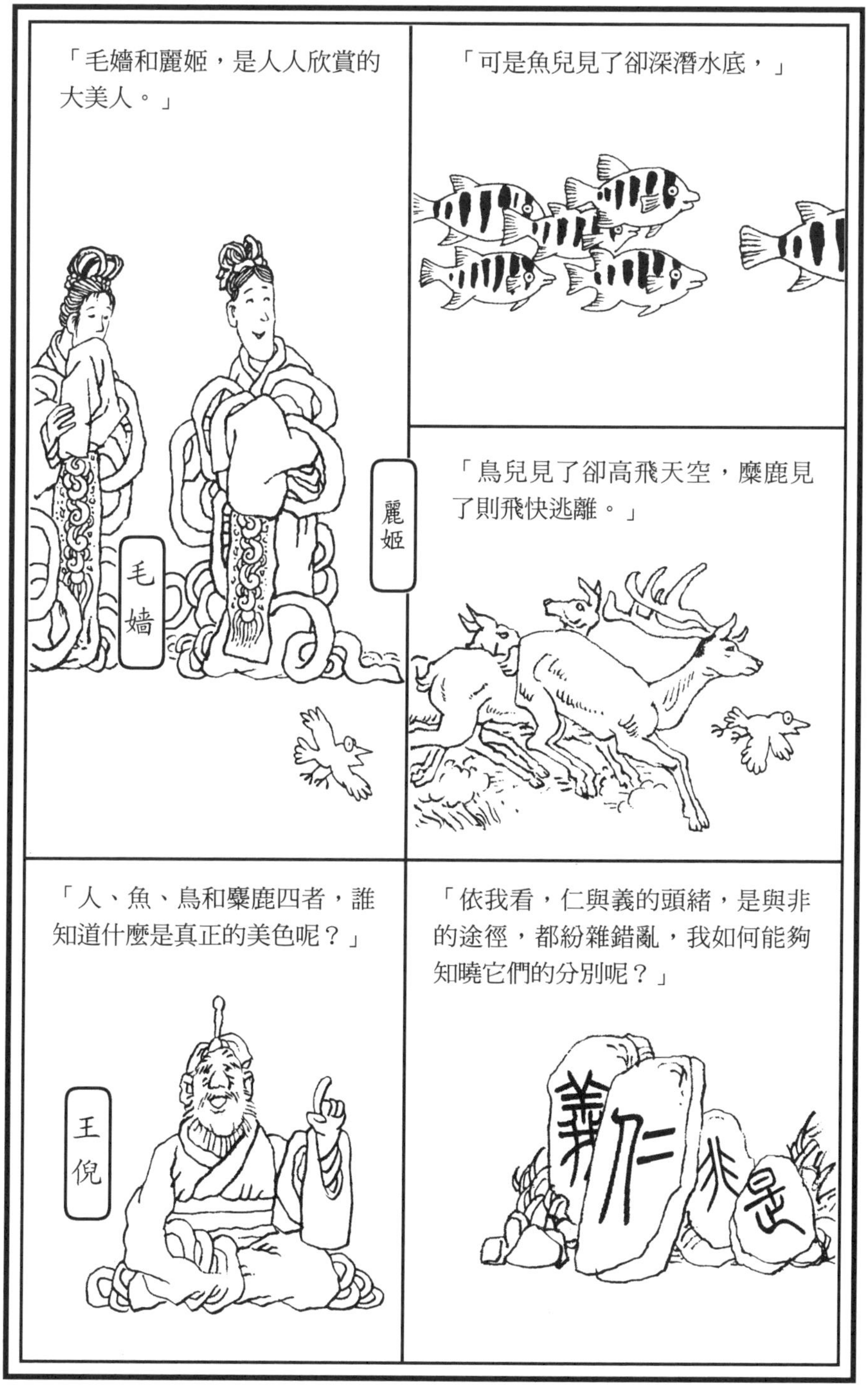
「毛嬙和麗姬，是人人欣賞的大美人。」
麗姬
毛嬙
「可是魚兒見了卻深潛水底，」
「鳥兒見了卻高飛天空，麋鹿見了則飛快逃離。」
「人、魚、鳥和麋鹿四者，誰知道什麼是真正的美色呢？」
王倪
「依我看，仁與義的頭緒，是與非的途徑，都紛雜錯亂，我如何能夠知曉它們的分別呢？」
義
仁
非
是

莊周夢蝶

莊周夢見自己變成了一隻蝴蝶，翩然飛舞著的蝴蝶，感到十分愉快和愜意，忘了自己是莊周。

突然間醒來，驚惶間方知自己原來是莊周。卻不知是莊周在夢中變成了蝴蝶呢，還是蝴蝶在夢中變成了莊周。

莊周與蝴蝶必定有自然之分。這就是事物自身的變化。

吾生也有涯，而知也無涯

一個人的生命是有限的，可是知識卻是無限的。

用有限的生命去追求無限的知識，一定會身心俱疲。
既然如此，還要不停地追求知識，那就很危險了！
做善事但不貪圖名聲，
善

做壞事但不觸犯刑律，
嘻嘻，我大錯不犯，小錯不斷。
遵從自然中正之路並以此為原則，這樣就能保全自身、保全天性、供養親人、終享天年。

庖丁解牛

有位為文惠王宰牛的廚師。

他手接觸的地方，肩靠著的地方，腳踩著的地方，膝抵住的地方，無不嘩嘩作響，快速進刀時，霍霍有聲，無不符合美妙的音律，既合《桑林》舞曲的節奏，又合《經首》的樂章。

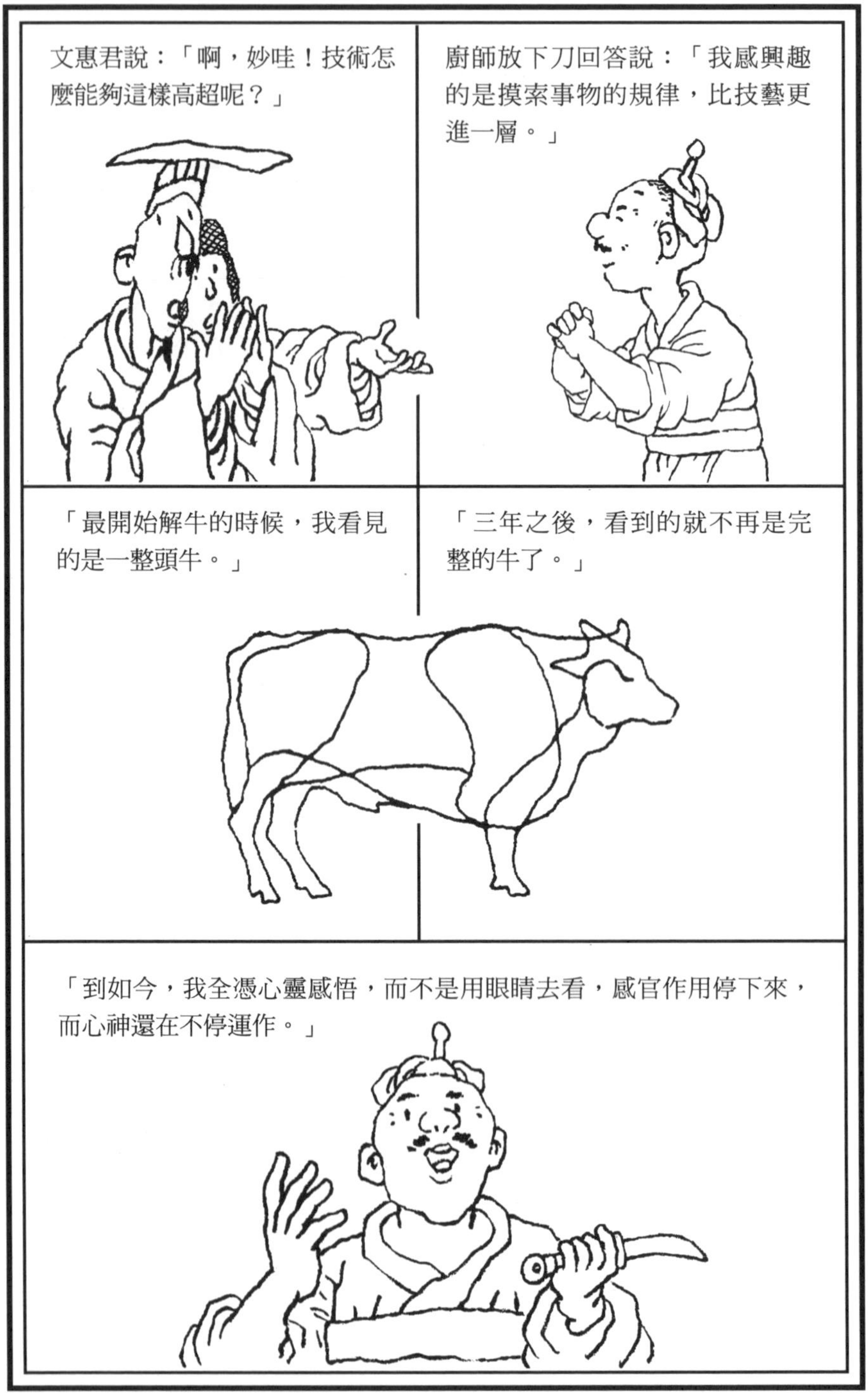
文惠君說：「啊，妙哇！技術怎麼能夠這樣高超呢？」
廚師放下刀回答說：「我感興趣的是摸索事物的規律，比技藝更進一層。」
「最開始解牛的時候，我看見的是一整頭牛。」
「三年之後，看到的就不再是完整的牛了。」
「到如今，我全憑心靈感悟，而不是用眼睛去看，感官作用停下來，而心神還在不停運作。」

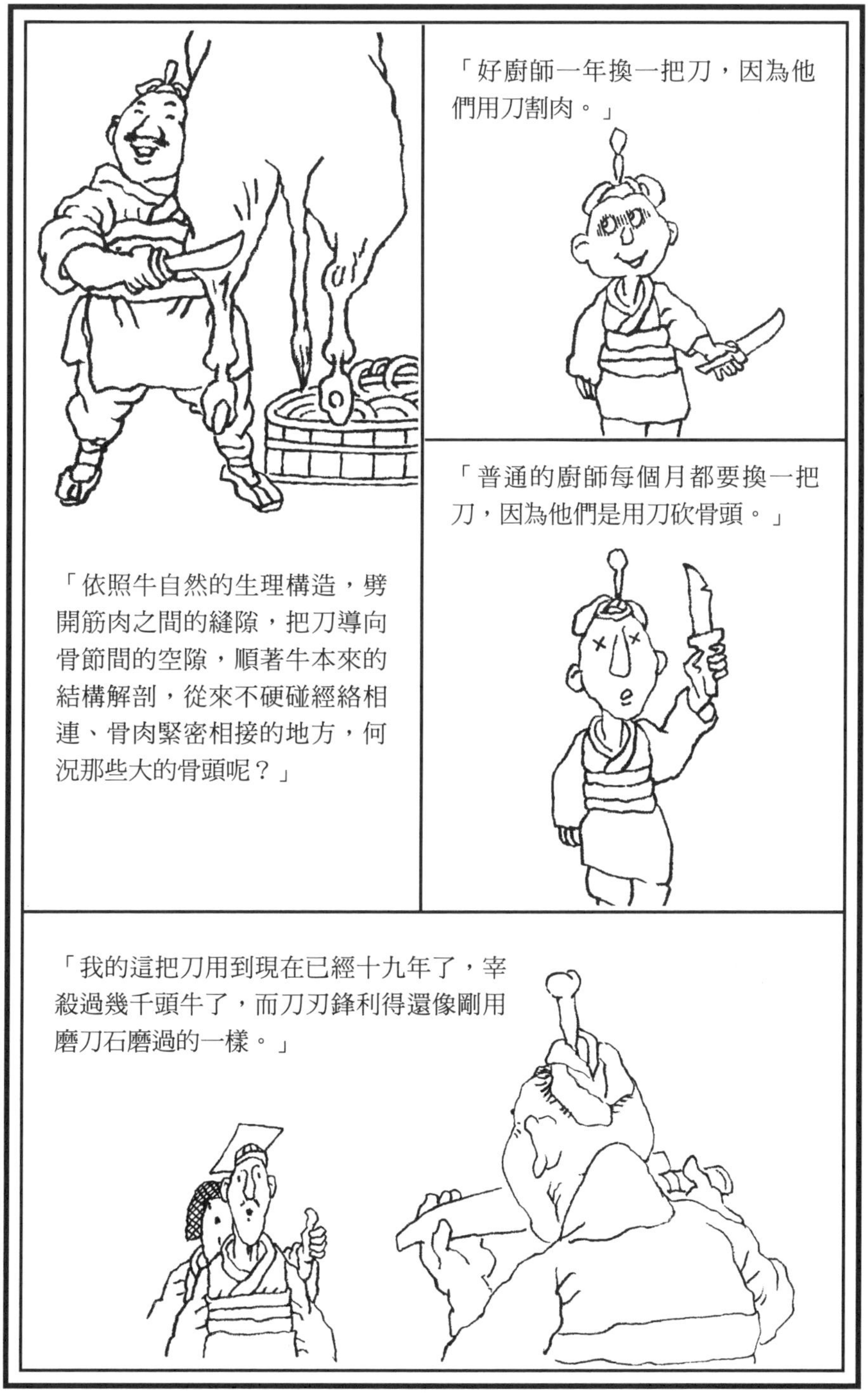
「依照牛自然的生理構造，劈開筋肉之間的縫隙，把刀導向骨節間的空隙，順著牛本來的結構解剖，從來不硬碰經絡相連、骨肉緊密相接的地方，何況那些大的骨頭呢？」
「好廚師一年換一把刀，因為他們用刀割肉。」
「普通的廚師每個月都要換一把刀，因為他們是用刀砍骨頭。」
「我的這把刀用到現在已經十九年了，宰殺過幾千頭牛了，而刀刃鋒利得還像剛用磨刀石磨過的一樣。」

「雖然這樣，每當遇到筋腱、骨節交錯的地方，我知道那裡不容易下刀，都會格外謹慎，目光專注，動作緩慢。」
庖丁
「動起刀來非常輕微，豁拉一聲，牛的骨和肉一下子就全部分解開了，像泥土滑坡一樣散落在地。我提著刀站立起來，環顧四周，為此悠然自得、心滿意足，然後把刀擦拭乾淨，收藏起來。」
文惠君說：「妙極了，聽了庖丁這番話，我明白養生的道理了。」
文惠君

沼澤裡的野雞

沼澤裡的野雞，要走上十步才能夠啄到一口食物，走上百步才能夠喝到一口水，可是牠們一點兒也不希望畜養在籠子裡。

被畜養在籠子裡雖然不必費力尋食，精力旺盛。

但那樣並不愉快。

老聃死了

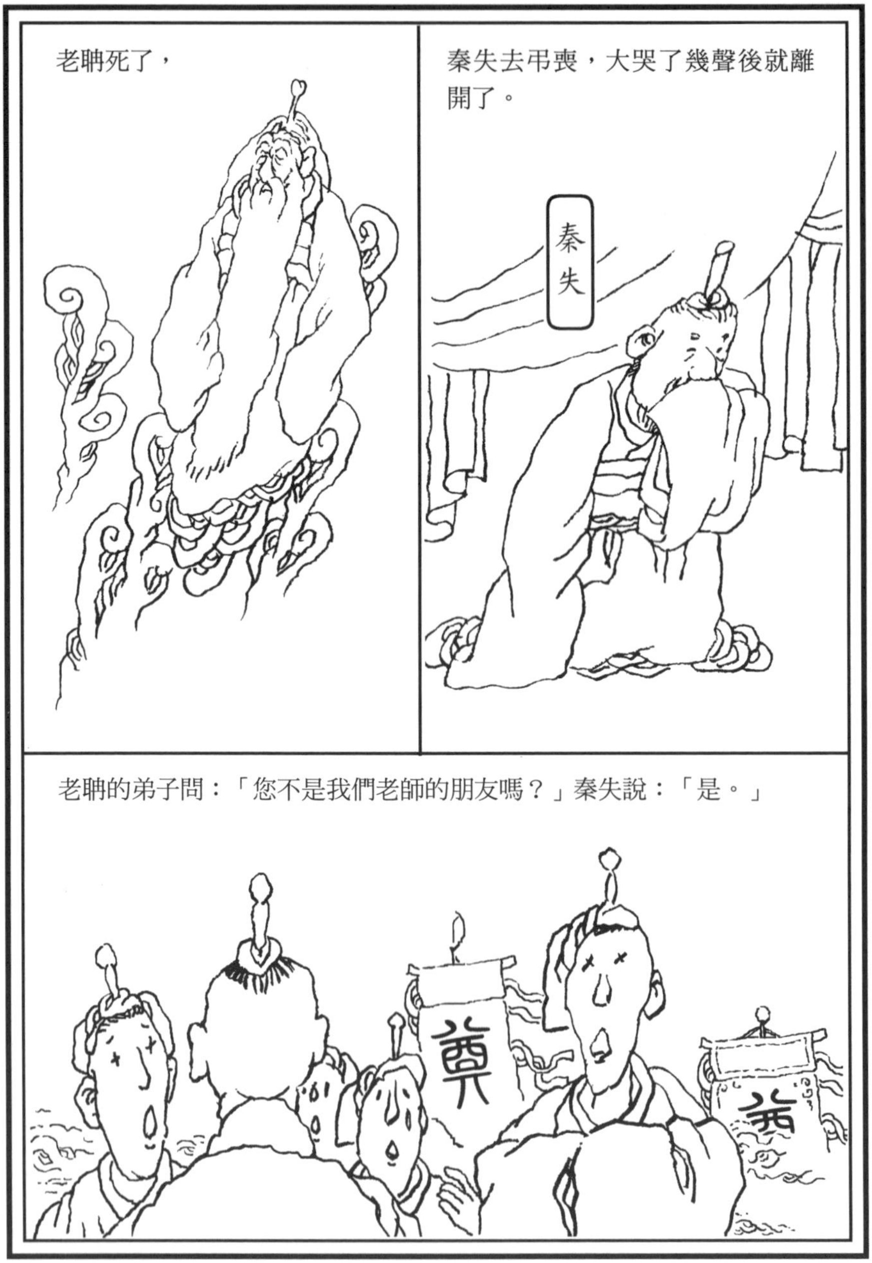
老聃死了，
秦失去弔喪，大哭了幾聲後就離開了。
秦失
老聃的弟子問：「您不是我們老師的朋友嗎？」秦失說：「是。」
奠

弟子又問：「像您這樣弔唁朋友，可以嗎？」

秦失說：「可以。我原本以為你們追隨老師多年，都是超脫物外的人，現在知道不是這樣了。」

「剛才我進報弔唁，有老年人在哭，像父母在哭自己的孩子。有年輕人在哭，像孩子在哭自己的母親。他們聚在這裡，一定有人本不想訴說卻訴說，本不想哭泣卻哭泣的。」

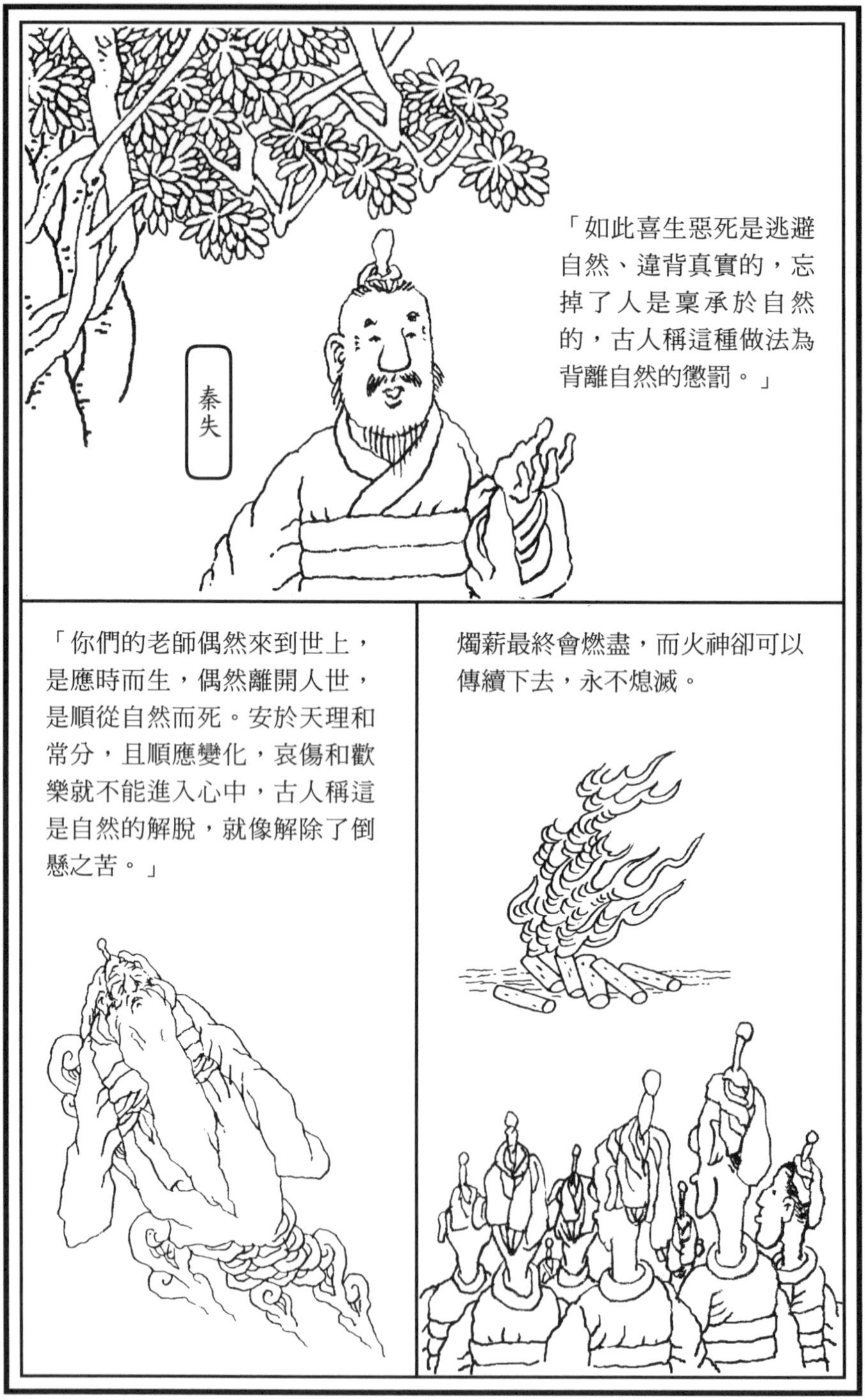
秦失
「如此喜生惡死是逃避自然、違背真實的，忘掉了人是稟承於自然的，古人稱這種做法為背離自然的懲罰。」
「你們的老師偶然來到世上，是應時而生，偶然離開人世，是順從自然而死。安於天理和常分，且順應變化，哀傷和歡樂就不能進入心中，古人稱這是自然的解脫，就像解除了倒懸之苦。」
燭薪最終會燃盡，而火神卻可以傳續下去，永不熄滅。

孔子的為官之道

顏回拜見孔子，向他辭行。孔子問：「你要到哪裡去？」顏回答：「準備去衛國。」

孔子
顏回

孔子問：「去那兒做什麼呢？」顏回說：「我聽說衛國的國君，年輕氣盛，行事專斷，處理國事十分輕率，卻不知道自己的過失；輕率地讓百姓去送死，為國事而死的人不可勝數，百姓都走投無路了。」

記得老師說過，離開治理得好的國家，前往治理得不好的國家，就像醫生門前多病人一樣。我希望根據老師的教誨，想出治理衛國的方法，或許能夠醫好衛國。
顏回

孔子說：「唉！你去了恐怕會遭到殺害啊！道是不宜雜亂的，雜亂了就會事緒繁多，事緒繁多就會產生煩擾，有了煩擾就會產生憂患，憂患多了救己救國都談不上了。古代修養高深的人，總是先求端正自己再去扶助別人。如今你自己都還沒有什麼建樹，哪裡還有什麼工夫去匡正暴君的行為！」

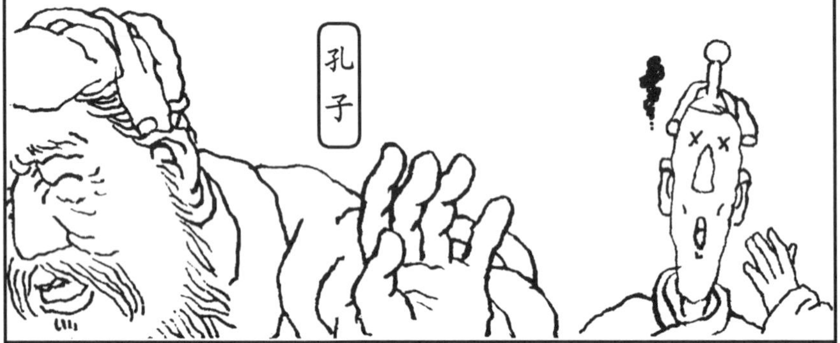

「再說，你也明白道德毀敗和智巧外露的原因吧？道德毀敗是因為他追求名聲，智巧的外露是因為他喜好競爭。名聲是互相傾軋的原因，智巧是爭鬥的工具。二者都是凶器，不可推行於世。」

「況且，一個人雖然德行深厚、誠懇老實，卻未必能與對方聲氣相通，雖然不爭虛名，卻未必能得到別人的理解。一味堅持在暴君面前暢談仁義規範之類的言論，這就好比用別人的缺點來彰顯自己的美德，被認為是害人。」

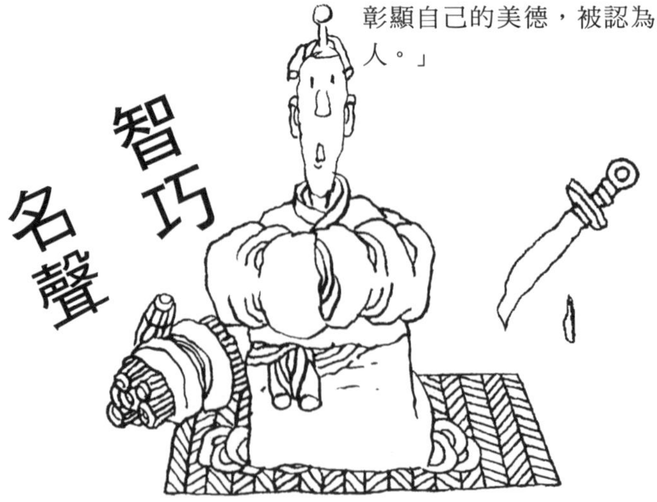

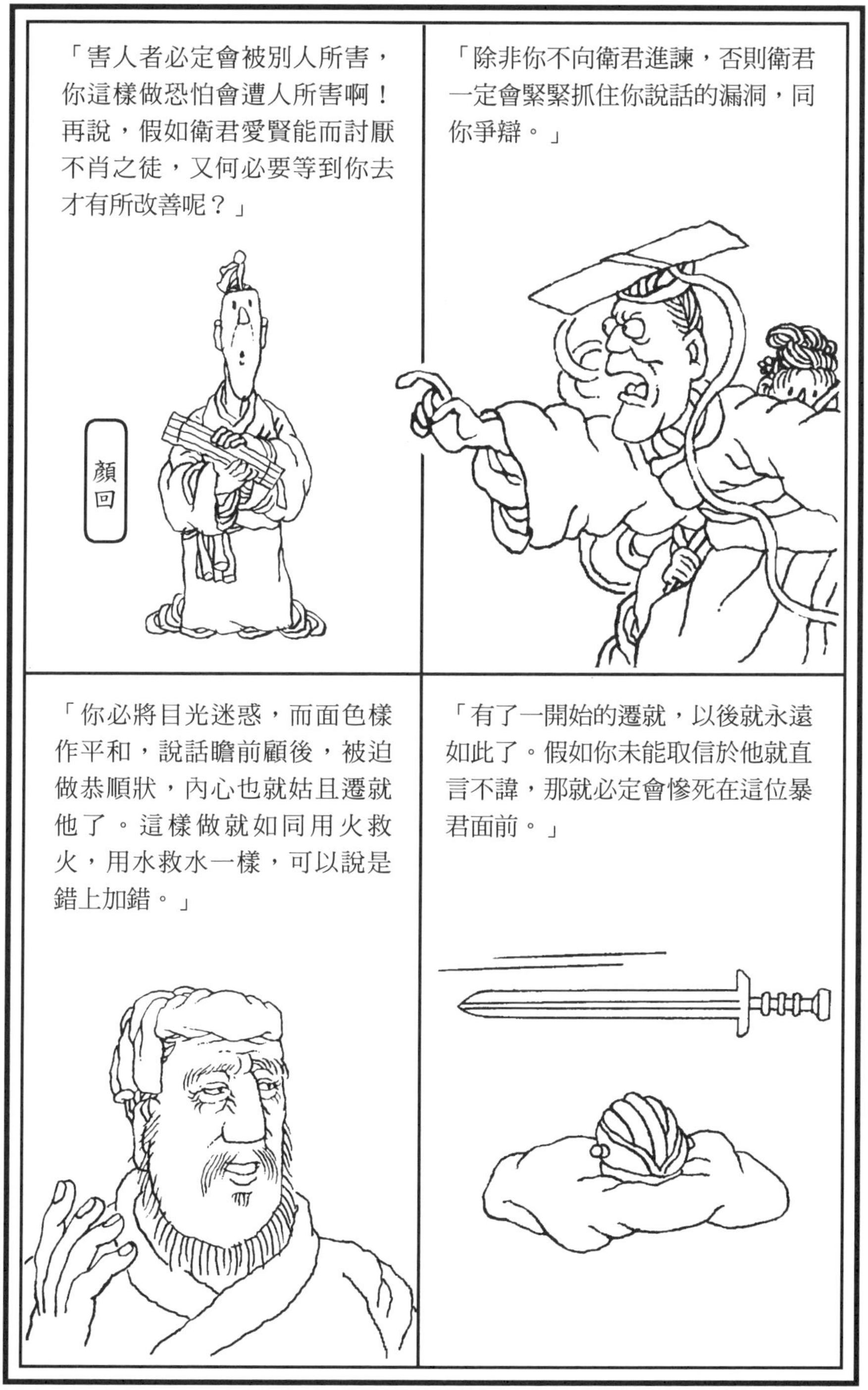
「害人者必定會被別人所害，你這樣做恐怕會遭人所害啊！再說，假如衛君愛賢能而討厭不肖之徒，又何必要等到你去才有所改善呢？」
顏回
「除非你不向衛君進諫，否則衛君一定會緊緊抓住你說話的漏洞，同你爭辯。」
「你必將目光迷惑，而面色樣作平和，說話瞻前顧後，被迫做恭順狀，內心也就姑且遷就他了。這樣做就如同用火救火，用水救水一樣，可以說是錯上加錯。」
「有了一開始的遷就，以後就永遠如此了。假如你未能取信於他就直言不諱，那就必定會慘死在這位暴君面前。」

「從前，夏桀殺害了大臣龍逢，商紂殺害了叔父比干。這兩位賢臣都勤於修身，愛護百姓，以人臣的地位去撫愛君王的百姓，以臣下的地位拂逆了國君，所以國君就因為他們的修養高尚而加害了他們。這就是愛好名聲的結果。」
龍逢
比干
「以前堯征伐叢、枝、胥、敖，夏禹攻打有扈，使這些國家的城鎮村莊變成廢墟，百姓全都死盡，而國君自己也被殺害，這是因為他們不停地使用武力，貪得無厭。這些都是好名求利的結果。」
你難道沒聽說過嗎？名與利，就是聖人也無法超越，何況是你呢？雖然這樣，你必定有自己的想法，不妨說一說！不妨說一說！
孔子

顏回說：「我外表端莊而內心謙虛，行動勤勉終始如一，這樣行了嗎？」
顏回
孔子說：「不，這怎麼行呢？衛君剛猛暴烈盛氣露於言表，性情浮誇又喜怒無常，人們都不敢違逆他。他也借此壓抑人們的進諫，放縱欲望。」
孔子
「這樣的人，就算是每日用小德逐漸去感化他都不會有成效，何況用大德去勸導呢？他必將固守己見而不肯改變，表面同意而內心並不採納，你的想法怎麼能夠行得通呢？」

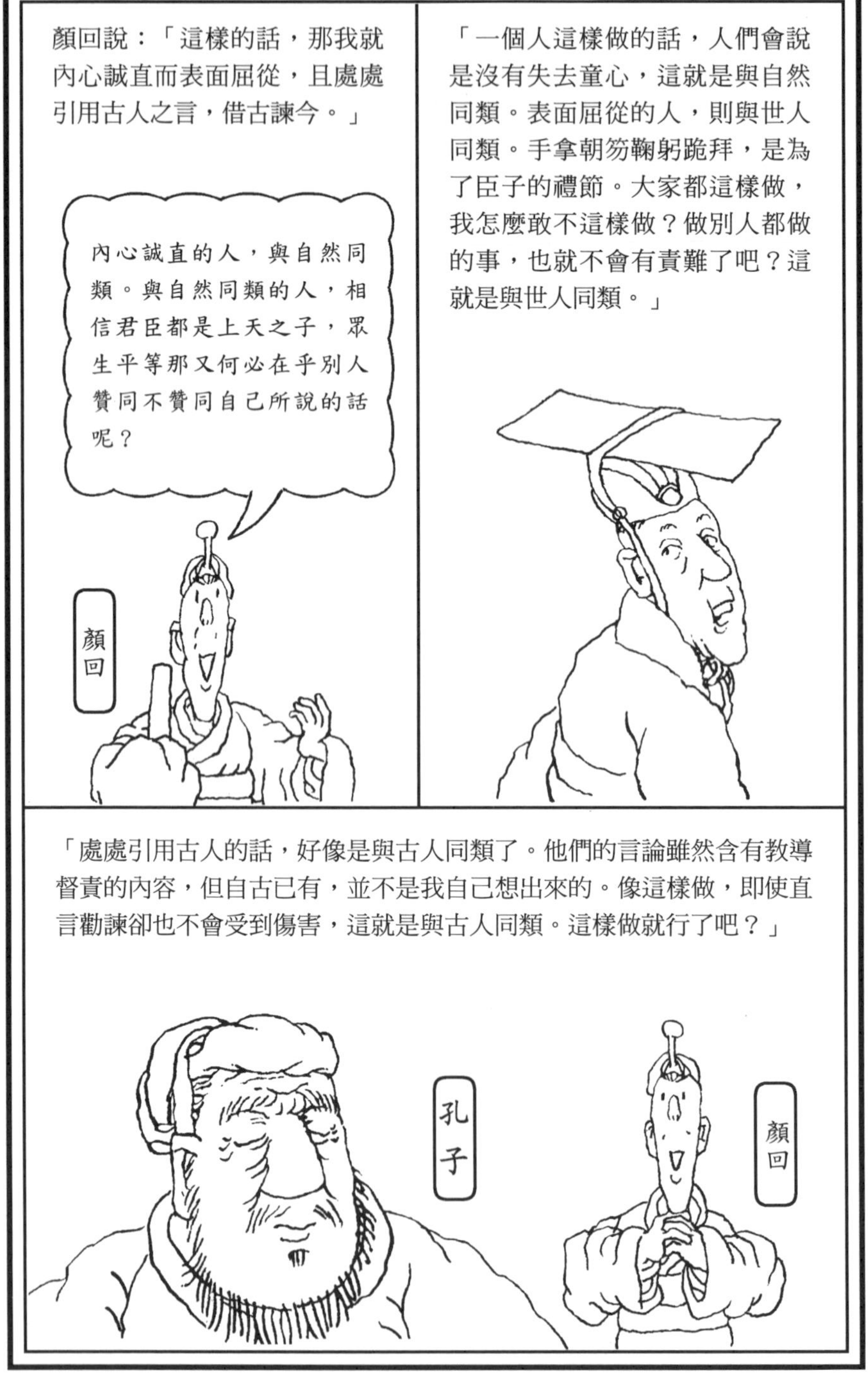
顏回說：「這樣的話，那我就內心誠直而表面屈從，且處處引用古人之言，借古諫今。」
內心誠直的人，與自然同類。與自然同類的人，相信君臣都是上天之子，眾生平等那又何必在乎別人贊同不贊同自己所說的話呢？
顏回
「一個人這樣做的話，人們會說是沒有失去童心，這就是與自然同類。表面屈從的人，則與世人同類。手拿朝笏鞠躬跪拜，是為了臣子的禮節。大家都這樣做，我怎麼敢不這樣做？做別人都做的事，也就不會有責難了吧？這就是與世人同類。」
「處處引用古人的話，好像是與古人同類了。他們的言論雖然含有教導督責的內容，但自古已有，並不是我自己想出來的。像這樣做，即使直言勸諫卻也不會受到傷害，這就是與古人同類。這樣做就行了吧？」
孔子
顏回

孔子說：「不，這還是不行的！這樣糾正別人的方法太繁瑣了，也不多靈活變通。這些方法雖然固陋，倒也可免於罪責。即使這樣，也不過如此而已，怎麼能夠收到感化他人的實效呢！你還是太過執著於自己的內心成見啊！」
孔子
我想不出更好的辦法了，還是請教老師有什麼好的方法？
顏回
孔子說：「你先齋戒清心，我再說給你聽！抱著積極用世之心去做事，就容易成功嗎？如果很容易，就不合乎自然之理了。」
齋戒清心
孔子

顏回說：「我家境貧窮，不喝酒、不吃葷已經好幾個月了。這樣可以說是齋戒了吧？」孔子說：「這是祭祀所說的齋戒，並不是心齋。」

請問老師什麼是心齋？
孔子
顏回

孔子說：「你必須摒除雜念，做到心志專一，不用耳聽而用心去領悟，然後不用心去領悟而是用虛無的意境去感應！耳只能聽到聲音，心只能響應外界存在，虛無的心境才能感應宇宙萬物，只有在虛無的心境中，才能領悟。虛無空明的心境就叫做心齋。」

我在不知道心齋之前，覺得確實存在一個真實的自己，知道了心齋之後，我感到自己並不存在。這可以說是虛無空明的境界嗎？

孔子說：「你對心齋的理解非常透徹了。我再告訴你，如果能夠在追名逐利的環境中遨遊卻不為名利所動，衛君能採納你的意見，你就闡明你的觀點，不能採納你的意見，你就保持緘默。不找仕途的門戶，也不向世人提示索求的標的，目的專一，把自己寄託於不得已的境域，這樣就差不多了。」

「一個人不走路容易，要走路而不留下足跡則很難。受世人的驅遣，那很容易偽裝，而受自然的驅遣則很難作假。只聽說憑藉翅膀能夠飛翔，沒有翅膀也能飛翔卻未曾聽說過；只聽說有知識才能明白事理，沒有知識也能明白事理卻未曾聽說過。」

「看看眼前空曠的環宇，空明的心境頓時獨存精白，吉祥也都聚集於空虛之心。如果還不能凝止，就是形坐神馳。假如使耳目感觀向內通達而又把心智排除於外，那麼鬼神也將會來歸附，何況是人呢！這就是順應萬物變化的法則，是禹和舜把握的要領，也是伏羲、几蘧所奉行的道理，何況普通人呢！」

螳臂當車

魯國賢士顏闔被請去做衛國太子的老師，臨行前他來請教衛國賢大夫蘧伯玉。

顏闔
蘧伯玉

顏闔說：「現在有這樣一個人，他天性刻薄，放棄原則遷就他做壞事的話，勢必危害國家。堅持原則勸說他去做好事的話，又會危害我自身。他的智慧剛好夠知道別人的過失，卻不明白別人為什麼會有過失。」

像這樣的情況，我要怎麼對待他呢？
顏闔

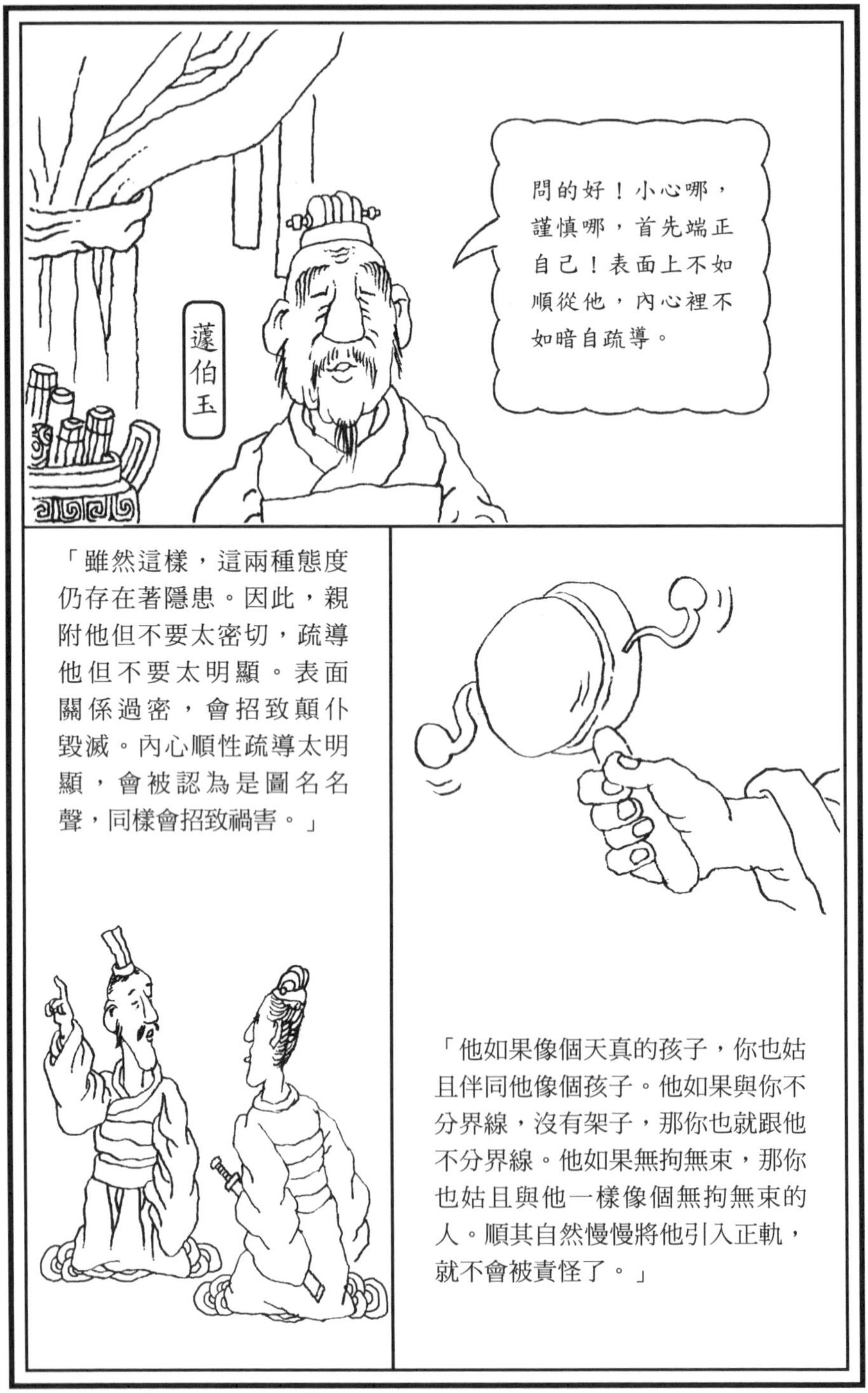
蘧伯玉
問的好！小心哪，謹慎哪，首先端正自己！表面上不如順從他，內心裡不如暗自疏導。
「雖然這樣，這兩種態度仍存在著隱患。因此，親附他但不要太密切，疏導他但不要太明顯。表面關係過密，會招致顛仆毀滅。內心順性疏導太明顯，會被認為是圖名名聲，同樣會招致禍害。」
「他如果像個天真的孩子，你也姑且伴同他像個孩子。他如果與你不分界線，沒有架子，那你也就跟他不分界線。他如果無拘無束，那你也姑且與他一樣像個無拘無束的人。順其自然慢慢將他引入正軌，就不會被責怪了。」

「你不知道那螳螂嗎？牠奮力舉起臂膀去阻擋滾動的車輪，不明白自己的力量本無法勝任，還自以為很有本事。小心哪，謹慎哪！總是炫耀自己的才智而觸犯了他，那就非常危險了！」

「你不了解那養虎的人嗎？他從不敢拿活的動物去餵養老虎，因為害怕牠撲殺活物會引發凶殘的怒氣。也不敢拿完整的動物去餵養老虎，因為害怕牠在撕裂動物時會誘發凶殘的怒氣。」

「知道老虎饑飽的時刻，通曉牠喜怒的心情。老虎與人並不是同類，但老虎卻會獻媚飼養他的人，原因就在於養虎的人能夠順著牠的性情。而那些被老虎傷害的人，是因為他們違逆了老虎的性情。」

「有一個愛馬的人，把精細的竹筐用來裝馬糞，用珍貴的大蛤殼來接馬糞。」

「剛巧有隻牛虻叮咬那馬，愛馬的人立刻出手拍打，不想那馬受到驚嚇，咬斷勒口、掙開轡頭、弄壞胸絡。他本來是愛馬，結果卻適得其反，能不謹慎嗎？」

無用之用

孔子在楚國遊歷的時候，楚國的隱士接輿走過他的門前，邊走邊唱：
鳳鳥啊，鳳鳥！如今道德淪喪了！將來不可期待，過去無法追回。
「天下大治，那是聖人成就了事業；」
堯
舜
「天下混亂，聖人也只有苟且生存。當今這個時代，只求能夠免遭刑戮。」

「幸福比羽毛還輕，而不知道怎麼去把握它。禍患比大地還重，而不知如何去避開它。」
算了吧，算了吧！不要逢人就宣揚你的德行！
「危險啊，危險啊！讓人們遵循人為的規範吧！」
「遍地的荊棘，不要妨礙我的行走！彎曲的道路，不要傷害我的雙腳！」

「山上的樹木因為材質有用，所以給自身招來砍伐，」
「油脂能夠燃起燭火，所以給自身帶來焚燒的後果。」
「桂樹皮芳香可以食用，所以被砍伐，」
「樹漆因為有用，所以被刀斧切割。」
「世人都知道有用的用處，卻不知道無用的用處。」

申徒嘉與子產

申徒嘉是個被砍去一隻腳的人。他與鄭國的子產一同拜伯昏無人為師。子產對申徒嘉說：「我先走的話，那你就等會兒再走，你先走的話，那我就等會兒再走。」

第二天，子產又和申徒嘉同席而坐。子產對申徒嘉說：「我先走的話，那你就等會兒再走。你先走的話，那我就等會兒再走。現在我要出去了，你可以等會兒再走嗎？我是執政大人你卻不知道迴避，你把自己看得跟執政大人一樣嗎？」

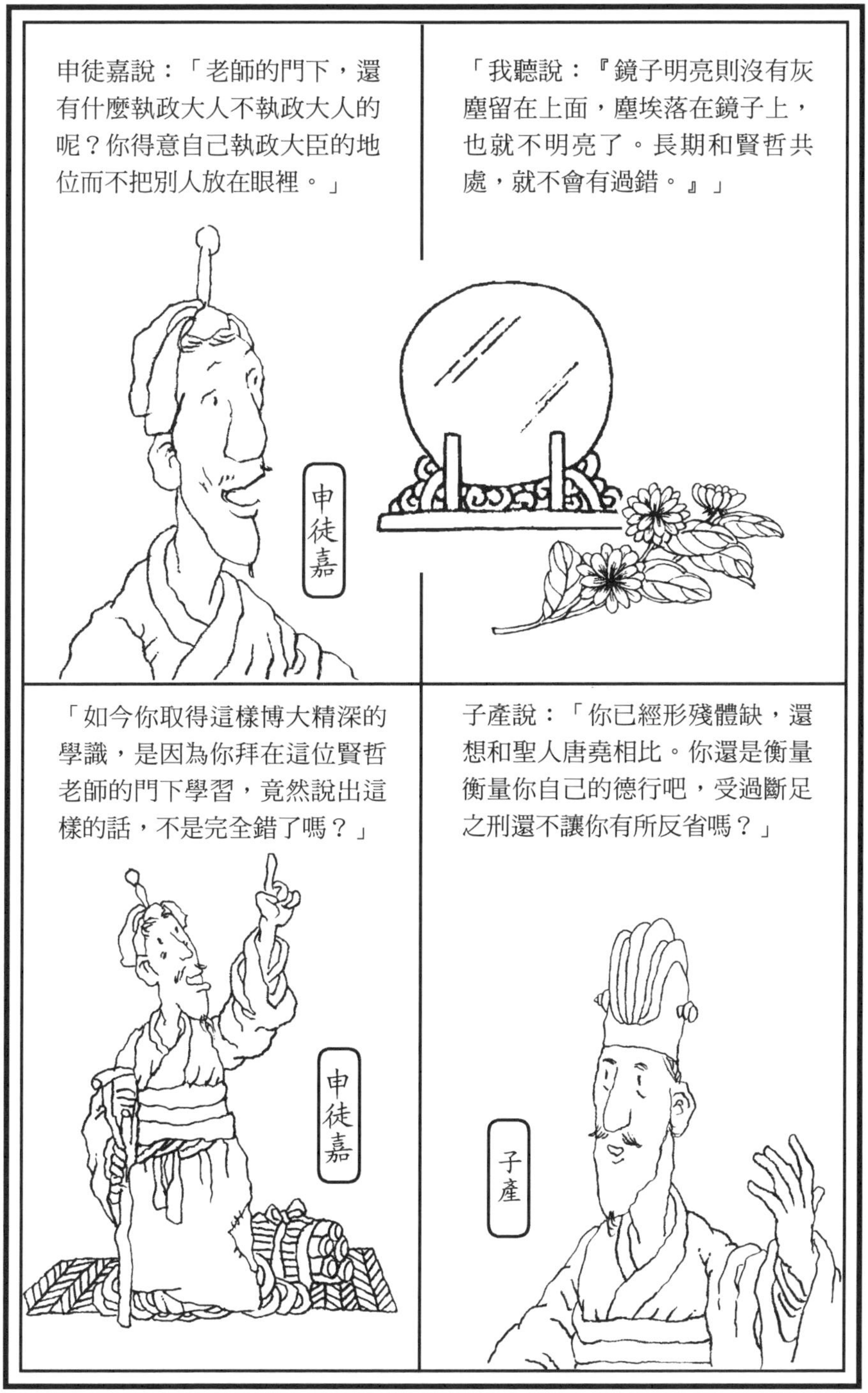
申徒嘉說：「老師的門下，還有什麼執政大人不執政大人的呢？你得意自己執政大臣的地位而不把別人放在眼裡。」
申徒嘉
「我聽說：『鏡子明亮則沒有灰塵留在上面，塵埃落在鏡子上，也就不明亮了。長期和賢哲共處，就不會有過錯。』」
「如今你取得這樣博大精深的學識，是因為你拜在這位賢哲老師的門下學習，竟然說出這樣的話，不是完全錯了嗎？」
申徒嘉
子產說：「你已經形殘體缺，還想和聖人唐堯相比。你還是衡量衡量你自己的德行吧，受過斷足之刑還不讓你有所反省嗎？」
子產

申徒嘉說：「辯解自己的過錯，認為自己不該身體殘缺的人有很多。」
「不辯解自己的過錯，認為自己不應當形體健全的人很少。」
「懂得事物的無可奈何，坦然接受自己的命運，這只有有德的人才能做得到。」
申徒嘉
「人們來到世上，就像走進后羿張弓搭箭的射程之內，任何人都有可能被射中。然而有人沒有被射中，這就是命。」

「許多人因為自己雙腳俱全就嘲笑我的殘缺不全，惹得我憤怒不已。」
「但來到老師這裡後，我就怒氣全消。真不知道老師是用什麼來感染我的呢？我追隨老師十九年了，但老師從不曾覺察到我是個獨腳的人。」
申徒嘉
「如今你跟我一同學習內在修養，就當以德相交而忘卻形骸，而你卻挑剔我的外在形體，這豈不是大錯特錯嗎？」
申徒嘉
子產聽了申徒嘉這番話，立即變得恭敬不安，慚愧地說：「你不要再說了。」
子產

莊子無情嗎？

惠子問莊子：「人是無情的嗎？」莊子答：「是的。」
惠子
莊子
惠子又問：「如果人沒有情，還可以說是人嗎？」
莊子說：「道給了人容貌，天給了人形體，怎麼說不是人呢？」惠子再問：「既然是人，又怎麼會沒有情？」
莊子

莊子回答說：「你說的情並不是我說的情。我說的無情，意思是人不要因為好惡而傷害到自己的本性，常常順應自然而不是刻意去求長生。」
惠子
惠子問：「不求長生，怎麼能夠保全自己的身體呢？」
莊子說：「道給了人容貌，天給了人形體，可不要讓外在的好惡之情傷害到自己的本性。如今你放縱心神，耗費精力，靠著樹幹高談闊論，依憑几案閉目假寐，自然給了你形體，你卻以堅白之論而自鳴得意！」
莊子

什麼叫做「真人」

了解自然的作為，並且明白人的作為，
這就達到了認識事物的最高境界了。
知道了自然的作為，就明白萬物出於自然；知道了人的作為，也就是依靠自身所掌握的智慧去通曉未能了解的知識，活到自然的壽命而不中途夭折，這就是認識的最高境界了。
雖然如此，還是存在問題，人們的知識一定要有認識的對象才能獲得證實，而認識的對象卻是不確定的。怎麼知道我所說的本於自然的，不是人為的；我所說的人為的，不是出於自然的呢？
自然
人為

再說，有了真人，才有真知。那麼什麼叫做真人呢？
真人
古代的真人，不倚眾凌寡，
也不算計別人。
像這樣的人，錯過了時機不後悔，趕上了機遇也不得意。

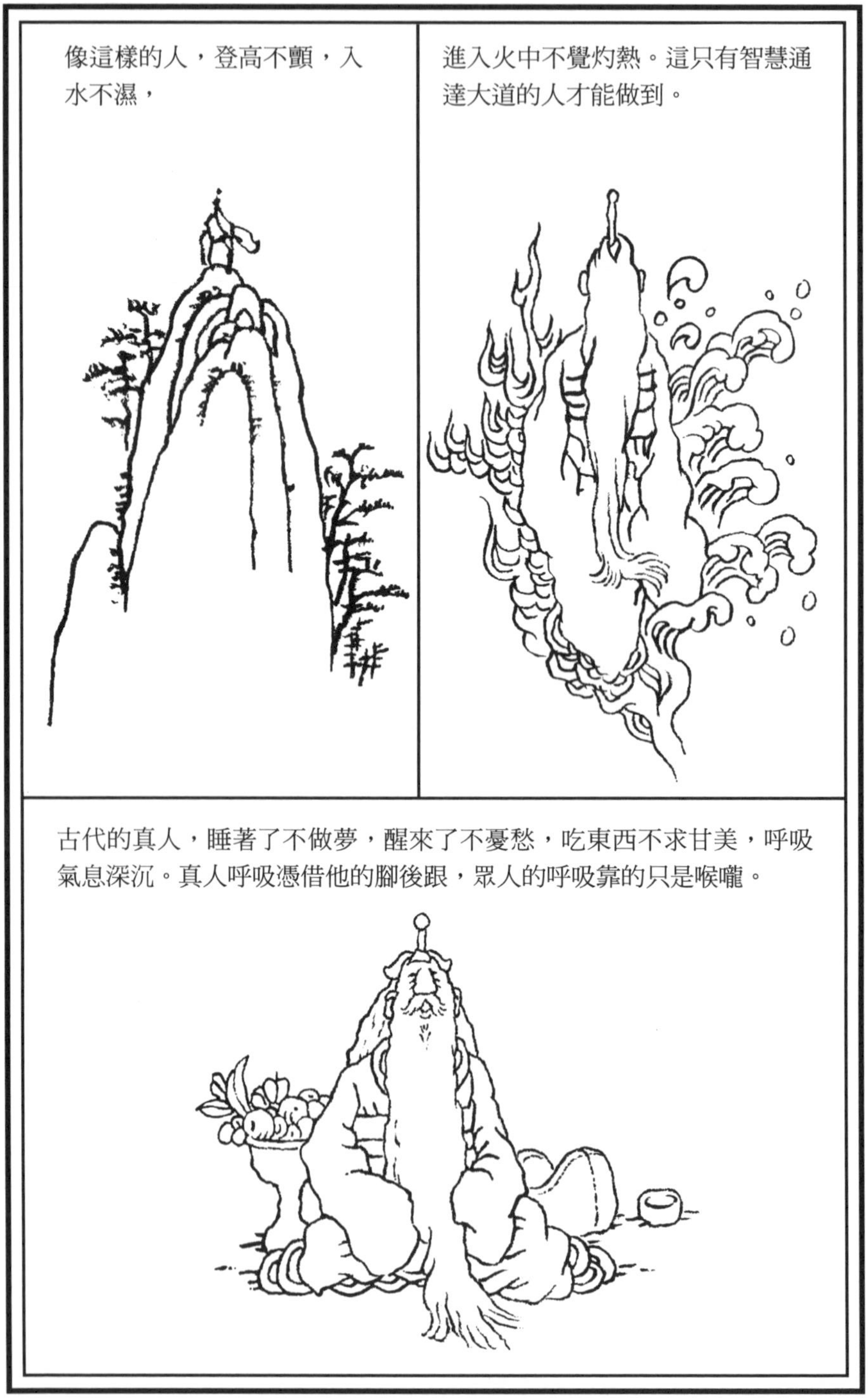
像這樣的人，登高不顫，入水不濕，
進入火中不覺灼熱。這只有智慧通達大道的人才能做到。
古代的真人，睡著了不做夢，醒來了不憂愁，吃東西不求甘美，呼吸氣息深沉。真人呼吸憑借他的腳後跟，眾人的呼吸靠的只是喉嚨。

議論被人屈服時，言語在喉前吞吐就像打了結一樣。

那些嗜好及欲望太深的人，他天賦的智慧也就很淺。

古代的真人，不知道喜歡生存，也不知道厭惡死亡；

出生時不欣喜，死亡時不拒絕；自由自在來去無牽掛。

不忘記自己從何處來，也不追求自己的歸宿；欣然承受任何遭遇，忘掉死生而回復自己的本然。

這就是所說的不用心智去損害大道，不用人為的因素去干擾自然，這就是所說的真人。

像這樣的人，他的內心忘掉了一切，他的容顏淡漠安閒，面額質樸端莊；冷肅時像秋天，溫暖時像春天，喜怒時與四時更替一樣自然無飾，與外界事物合宜相稱，以致沒人能夠探知他的精神世界。
所以古代聖人指揮作戰時，滅掉敵國卻又不會失去敵國的民心；
利益和恩澤施於後世萬代，卻不是因為偏愛什麼人。
莊子

所以，樂於交往取悅外物的，不是聖人；
皇恩浩蕩
有所偏愛的，算不上仁人；
伺機行事的，不是賢人；
不能明辨利害的，算不上君子；
辦事為求名聲而失去自我的，不是有識之士；
犧牲生命但與自己的真性不符的人，不是能夠役使世人的人。

像狐不偕、伯夷、叔齊、箕子胥餘、紀他、申徒狄等，都是被役使世人的人所役使，讓別人安逸，而不是能使自己安逸的人。

古代的真人，神情巍峨而不給人壓力，好像不足卻又無所增益；卓爾不群而又不固執，襟懷寬闊虛空而不浮華；

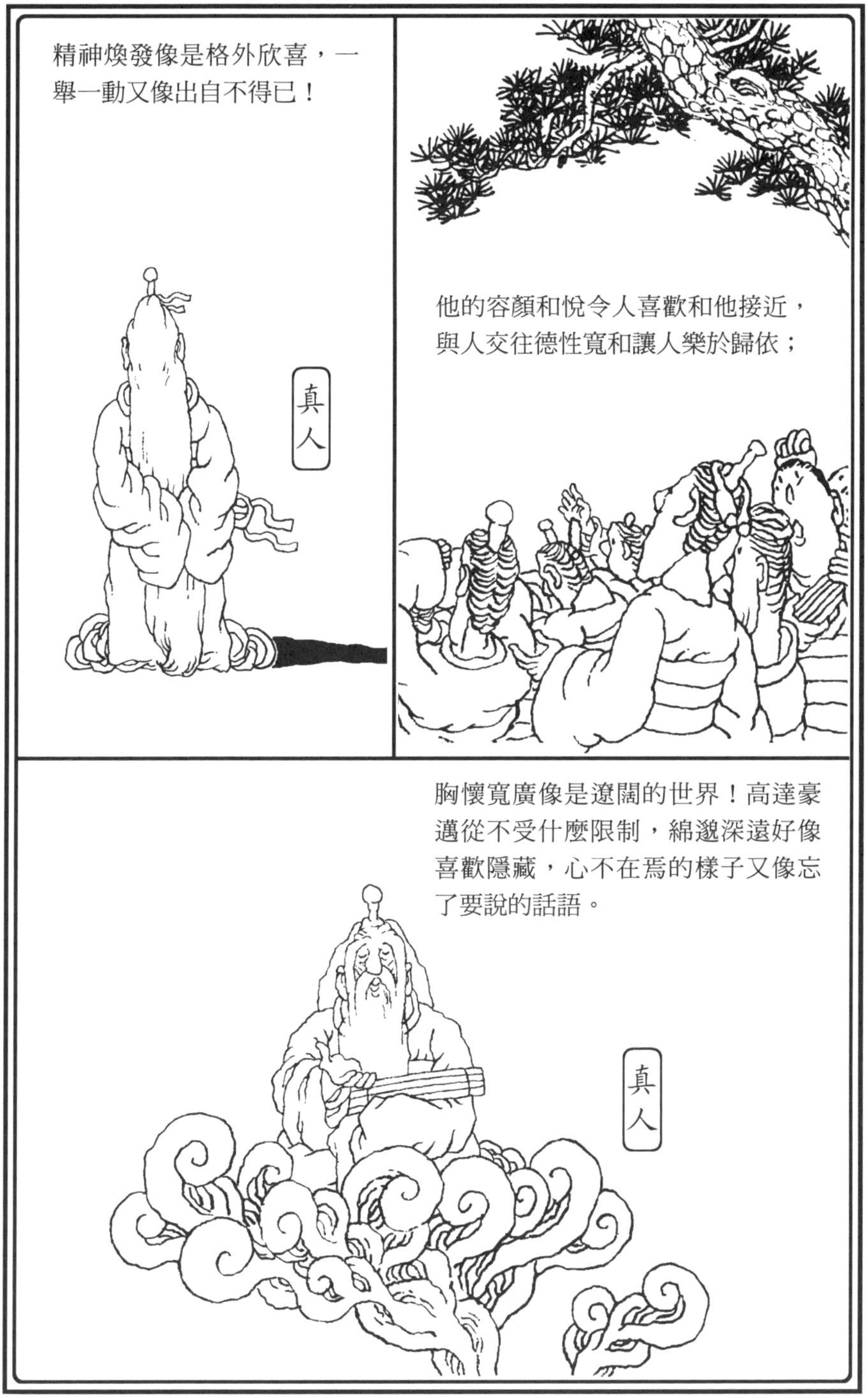
精神煥發像是格外欣喜，一舉一動又像出自不得已！
真人
他的容顏和悅令人喜歡和他接近，與人交往德性寬和讓人樂於歸依；
胸懷寬廣像是遼闊的世界！高達豪邁從不受什麼限制，綿邈深遠好像喜歡隱藏，心不在焉的樣子又像忘了要說的話語。
真人

以刑律為主體，以禮儀為羽翼，用知識去等待時機，用德行去遵循規律。
以刑律為主體的人，以殺戮來制止殺戮也是寬厚仁慈的；
以禮儀為羽翼的人，借此在世間行走；
用知識去等待時機的人，是出於不得已；

用德行來遵循規律，就像是說只要有腳的人都能登上山丘，而人們卻真以為是勤奮不懈的人。
所以宇宙萬物，你喜歡它，它是渾然為一的；你不喜歡它，它還是渾然為一的。同一的是渾一的，不同的也是渾然為一的。
體驗到合一時，是指與自然相處；體驗到不合一時，是指與人相處。
自然與人不可能相互對立而相互超越。有這種認知的人，就叫做真人。
莊子

相濡以沫

泉水乾涸了，兩條魚被困在陸地上，只能相互依偎相互吹氣來濕潤對方。

以唾沫相互潤濕，不如在江湖中相互忘記對方。

藏天下於天下

把船兒藏在山谷裡，又把山藏在海洋裡，這樣看似很牢靠吧。然而半夜裡有個大力士把它背走，睡夢中的人們還一點兒也不知道。

將小東西藏在大東西裡是適宜的，不過還是會遺失。
若是把天下藏在天下裡，就不會丟失，這才是萬物恆存不變的真實情況。

死生一體

子祀、子輿、子犁、子來四人互相說：「誰能夠把『無』當做頭，把『生』當做脊樑骨，把『死』當做脊尾骨，誰知道死生存亡是一個整體，我就和他做朋友。」四人會心地相視而笑，成為了朋友。

不久，子輿生了病，病得不輕，子祀前去探望。子輿自語：「造物者真是偉大！把我蜷縮成這個樣子！」子輿彎腰駝背，五臟穴口朝上，下巴貼藏在肚臍下，雙肩高過頭頂，彎曲的頸椎如同贅瘤朝天隆起。這是陰陽之氣不和所致。

可是子輿心情悠閒若無其事，蹣跚地走到井邊，對著井水照著自己，仍不住地讚歎：「哎呀，造物者竟把我弄成這副蜷曲的樣子！」

子祀問：「你會不會討厭這副模樣？」子輿回答說：「我怎麼會討厭呢？假如造物者把我的左臂變成公雞，我就用牠來報曉；把我的右臂變成彈弓，我就用它來打斑鳩烤熟了吃。假加造物者把我的臀部變為車輪，精神變為駿馬，我就乘坐這輛馬車，哪裡還要別的馬車呢？」

「得失皆就此身而言，生命的獲得是一時的偶然，生命的喪失是必然的歸趨，要安於『來』的『時』，面對總是要『去』的『順』，哀樂欣喜之情就不會侵入心中。這就是古人所說的解除了生命倒懸之苦。」

「那些不能自我解脫的，是因為被外物所束縛。況且事物的變化不能超越自然的力量，那是由來已久的，我又怎麼會厭棄我的形體而不要它呢？」

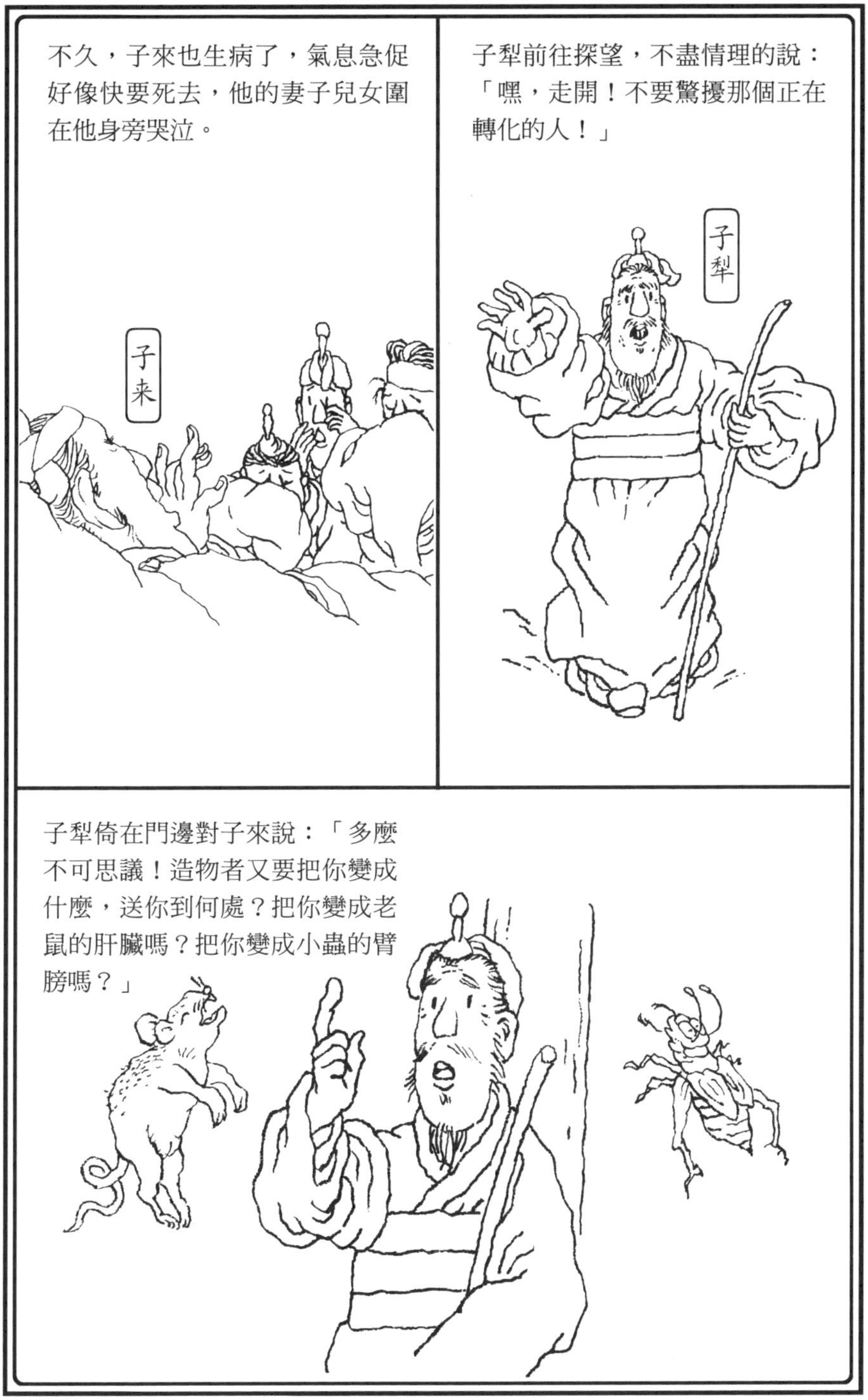
不久，子來也生病了，氣息急促好像快要死去，他的妻子兒女圍在他身旁哭泣。
子來
子犁前往探望，不盡情理的說：「嘿，走開！不要驚擾那個正在轉化的人！」
子犁
子犁倚在門邊對子來說：「多麼不可思議！造物者又要把你變成什麼，送你到何處？把你變成老鼠的肝臟嗎？把你變成小蟲的臂膀嗎？」

子來說：「子女必須聽從父母吩咐調遣，無論東西南北，叫去哪兒都要聽從吩咐。」
「陰陽氣化對人來說，無異於父母；它要我死而我卻不聽從，那就是我忤逆不孝了，而它有什麼過錯呢！」
「自然以我的形體為托載，用生存來讓我勞苦，用衰老讓我閒適，用死亡讓我安息。」
生存
「所以，把我的生存看作好事，那我的死亡也是好事。」

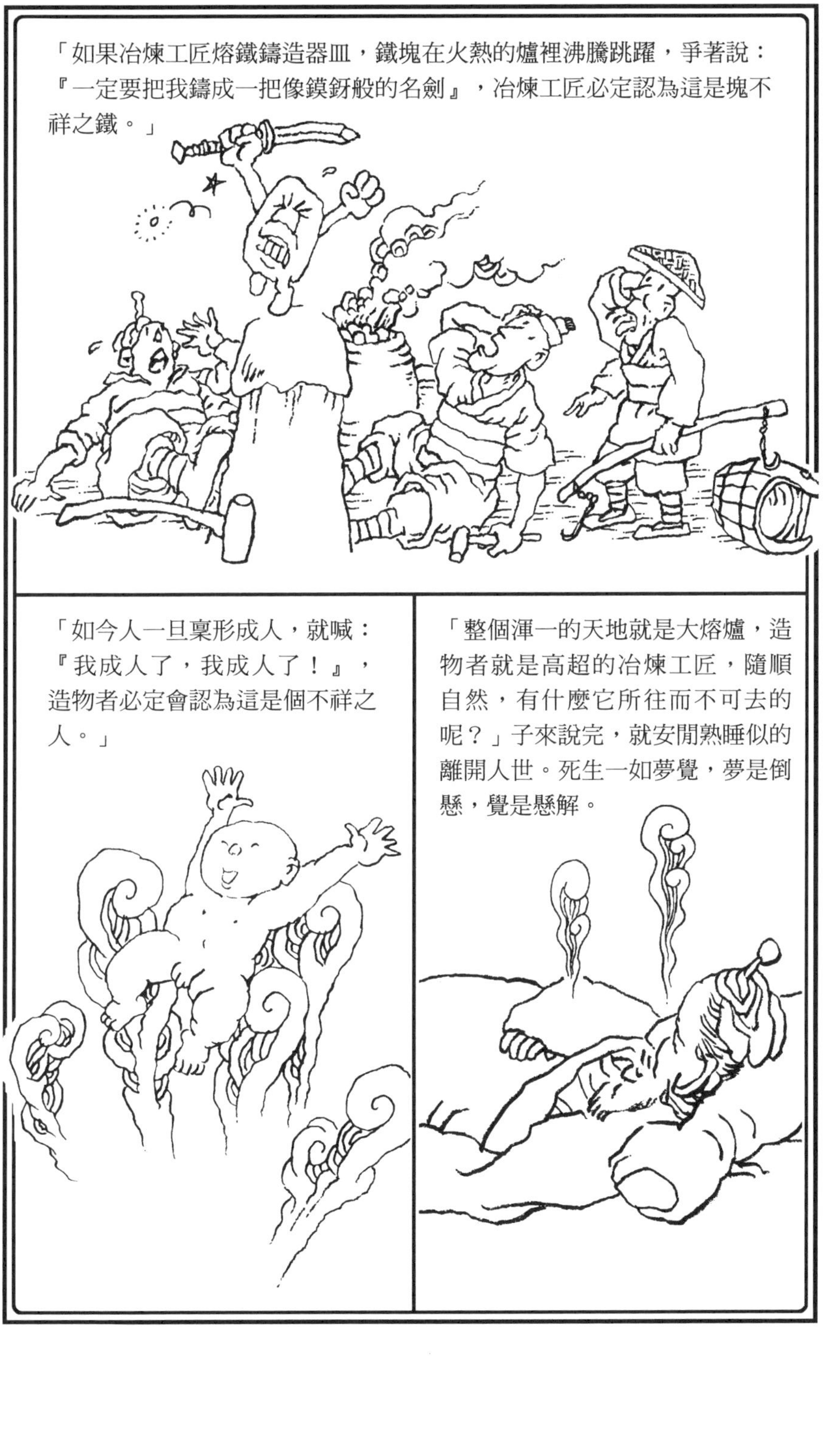
「如果冶煉工匠熔鐵鑄造器皿，鐵塊在火熱的爐裡沸騰跳躍，爭著說：『一定要把我鑄成一把像鏌鋣般的名劍』，冶煉工匠必定認為這是塊不祥之鐵。」
「如今人一旦稟形成人，就喊：『我成人了，我成人了！』，造物者必定會認為這是個不祥之人。」
「整個渾一的天地就是大熔爐，造物者就是高超的冶煉工匠，隨順自然，有什麼它所往而不可去的呢？」子來說完，就安閒熟睡似的離開人世。死生一如夢覺，夢是倒懸，覺是懸解。

孟孫才居喪

顏回問孔子：「孟孫才的母親死了，他哭而無淚，心中不覺悲傷，居喪時也不哀痛。這三個方面沒有任何悲哀的表現，卻以善於處理喪事而名揚魯國。難道真會有無其實而有其名的情況嗎？我實在覺得奇怪。」

孔子說：「孟孫才處理喪事的作法確實是達到極致了，大大超過了懂得喪葬禮儀的人。人們總想從簡治喪卻辦不到，而孟孫才已經做到從簡辦理喪事了。」

「孟孫才不問人為何而生，也不探究人因何而死，不知生和死誰先誰後。他順應自然的變化而成為他應該變成的物類，以應對他所不知曉的變化出現！」
「況且即將出現變化，怎麼知道不變化的是什麼呢？現在未曾變化，又怎麼知道已經有了變化的是什麼呢？我和你呀，都是在夢中沒有覺醒的人啊！」
孔子
孟孫才
「再說，孟孫才認為有形骸的更換卻沒有精神的減損，有形體的轉化而沒有真正的死亡。只有孟孫才覺醒，別人哭他也跟著哭，這就是他為什麼如此居喪⑥的原由。」
【註釋】⑥居喪：哭而無淚。

「再說，人們交往總借助形骸而稱述自我，又怎麼知道我所說的『我』是什麼呢？你夢中變成飛鳥就振翅飛上藍天，夢中變為魚就搖尾潛入深淵。」

「不知道正在談話的我們是清醒的還是在夢中？人們在忽然適意時，是來不及笑的；從內心發出笑聲，也是來不及安排的；聽任自然的安排而順應變化，就會進入到寂寥虛空純然無雜的境界。」

季咸的相面術

鄭國有一個很神的巫師，叫季咸，他能預測人的死生存亡，福禍壽夭，甚至能測準何年何月何日，非常神奇。鄭國人見了他，都驚慌地逃開，深怕他說出即將發生的事。

但是壺子的學生列子卻很崇拜季咸，回來告訴他的老師壺子說：「我原先以為老師您的學問是最高的，今天卻見到更高明的了！」

壺子說：「我所傳授給你的只是外表的虛文，還沒有講到道的實質，你能以為你得道了嗎？如果只有雌鳥而無雄鳥，又怎麼能生出卵來呢？」
「你以表面的道去與世人周旋，而求出人頭地，所以才容易被算命巫師這類的人窺測到你的心思。你把他請來給我相一相試試看。」
壺子
第二天，列子陪季咸來見壺子。

看完面相走出門來，季咸悄悄告訴列子：「你的老師快要死了，活不了啦！最多還有十天。我看他面色極怪，精神萎靡的像是濕灰一般，不能復燃了。」
列子趕忙進屋，流著淚水把這不幸的消息告訴老師，壺子卻笑著說：「剛才我給他看的是土一般的面色，心境寂靜，不動不止。所以他看到的我是生機被阻塞。你明天再把他請來，給我看相。」
哈哈
列子
壺子

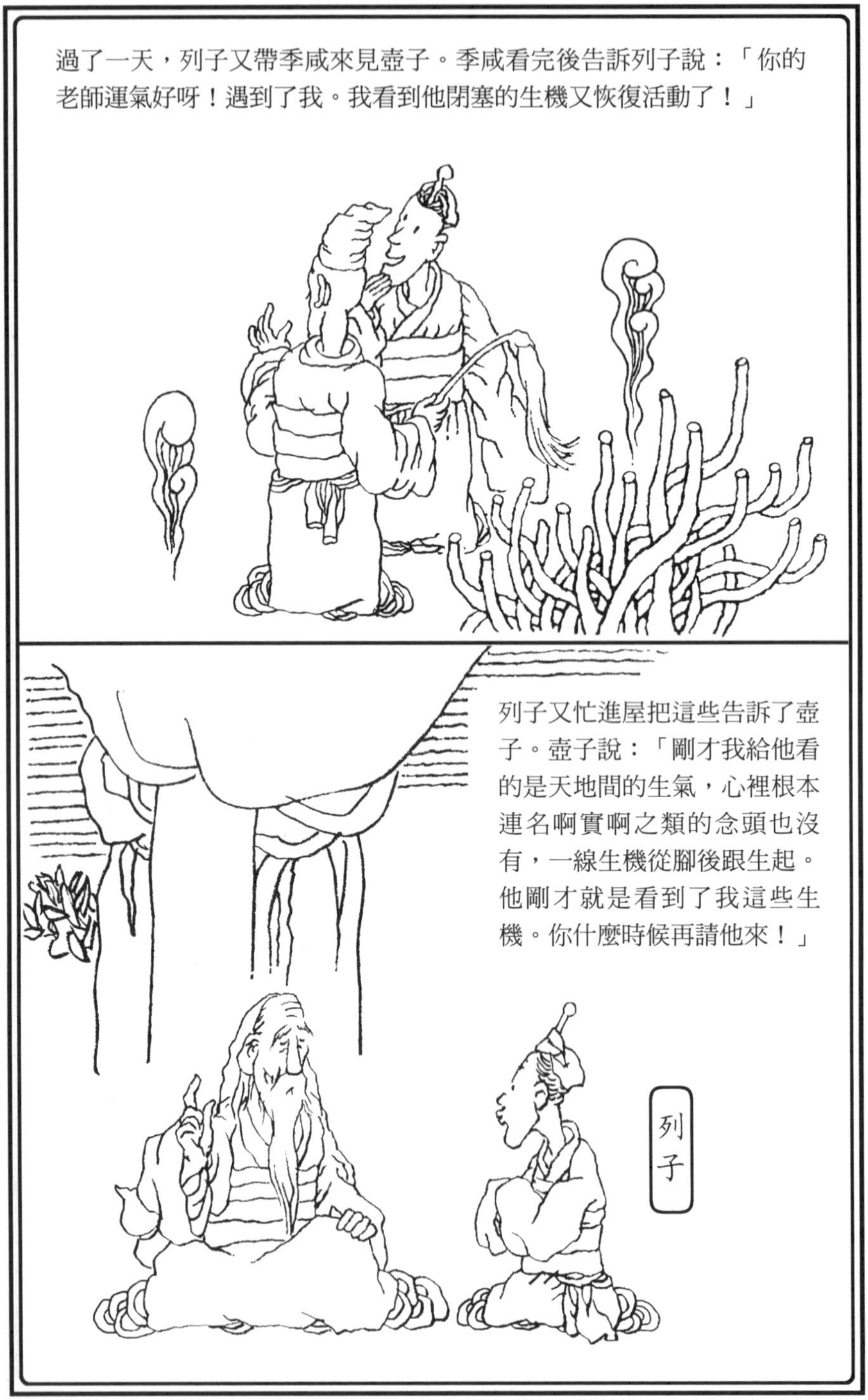
過了一天，列子又帶季咸來見壺子。季咸看完後告訴列子說：「你的老師運氣好呀！遇到了我。我看到他閉塞的生機又恢復活動了！」
列子又忙進屋把這些告訴了壺子。壺子說：「剛才我給他看的是天地間的生氣，心裡根本連名啊實啊之類的念頭也沒有，一線生機從腳後跟生起。他剛才就是看到了我這些生機。你什麼時候再請他來！」
列子

又過了一天，列子又陪著季咸來了。看過壺子的面相後，季咸出門告訴列子：「你的老師精神恍惚，我無法給他看相。等到他心神安寧的時候，我再來給他看面相。」

列子回來告訴了壺子。壺子說：「剛才我展示給他看的是守氣不動的太虛境界。他看到的是我氣息衡定的徵兆。大魚盤旋之處成為深淵，止水之處成為深淵，流水之處成為深淵。淵有九種，我給他看的只有三種。你不妨再請他來看看。」

次日，季咸又與列子一起來了。季咸還沒有站定，就驚慌失色地逃走了。
?!
列子
壺子喊列子：「快追上他！」列子追趕不上，回來告訴壺子：「沒有辦法！他已經跑得不見蹤影了。」
季咸
壺子說：「我剛才展示給他看的是無法窺測的根本大道。我順其自然，有時波濤洶湧，有時水平如鏡，他根本摸不著底，所以，他就被嚇跑了。」
壺子
!

經過這次事件，列子明白自己沒有體會學得大道，所以回家之後三年不出門。替他老婆燒火做飯，餵豬就像伺候人一樣。對任何事物都無偏私之見。
摒棄浮華雕琢，返樸還真，不識不知，大智若愚，在紛亂的世界上持守純樸，終生如此。
列子

子桑問貧

子輿和子桑是朋友，連續十天陰雨綿綿。子輿說：「子桑恐怕已經困乏潦倒了。」就帶著飯食前去給他。
子輿
子輿來到子桑門前，聽到子桑像是在唱歌，又像是在哭泣，還彈著琴：「父親呦？母親呦？天呦？人呦？」聲音微弱、急促。
子輿走進屋子，說：「你唱的詩句，為什麼是這樣的？」子桑說：「我在探尋是誰讓我落得如此困乏和窘迫，但卻沒能找到。」
子桑
子輿

「父母難道會希望我貧困嗎？」
「蒼天無私地覆蓋著整個大地，大地無私地承載著所有生靈，天地難道會獨獨讓我貧困嗎？」

「我想找出是誰使我貧困的，可是我沒能找到。落得如此困乏，是命吧！」

命?!

渾沌之死

南海的帝王叫儵，北海的帝王叫忽，中央之地的帝王叫渾沌。儵和忽經常到渾沌的地盤來聚會，渾沌對他們很好。
儵和忽於是商量如何報答渾沌的美意，說：「人都有七竅，用以看、聽、吃、喝、呼吸，唯獨他沒有，我們試著給他鑿開七竅吧！」
於是他們一天鑿開一竅。七天後，七竅都鑿好了，而渾沌卻死了。

多出來的手指

駢拇和枝指⑦，是天生而成的嗎？卻多於常人之所得。附贅懸疣，是出乎自然嗎？不過卻超出了人天生而成的本體。

【註釋】⑦駢母：腳上的拇指與第二趾合成一趾；枝指：手上大拇指旁多生一指。

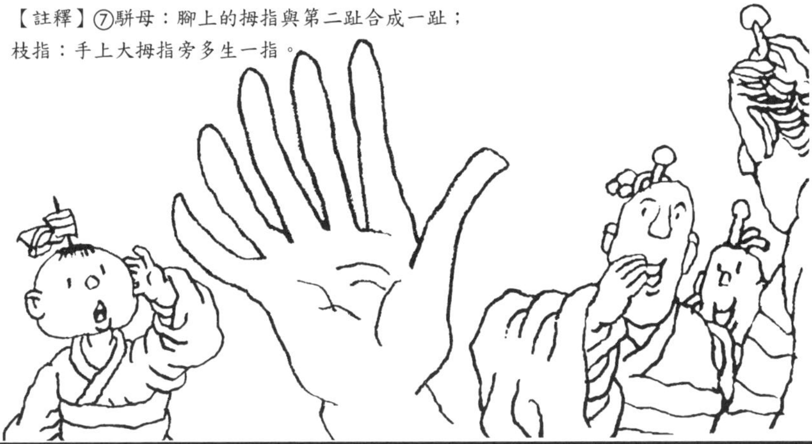

現在有人千方百計推行仁義，難道能跟人身本來應該有五臟的情形相比嗎？它肯定不是道德的本原。

因此，駢生在腳上的，不過是連接了一塊無用的肉；枝生在手上的，不過是多了一根無用的指頭。

而在道德性情上的「騈」與「枝」，就是那嬌飾仁義的行為和多端濫用的聰明，同樣是無用的。
莊子
因此，超出本體的「多餘」對於一個視覺明晰的人來說，難道不是攪亂五色、糜爛文彩，像色彩華麗的衣服般刺人眼目嗎？而離朱就是這種人中的典型代表。
叮的
離朱
超出本體的「多餘」對於聽覺靈敏的人來說，難道不是攪亂五音、混淆六律，就像金石絲竹黃鐘大呂的音調般刺耳嗎？而師曠就是這種人的典型。
師曠

標榜仁義的，蔽塞德性以求沽名釣譽，這豈不是要天下的人喧嚷著去奉守那難以遵從的法式嗎？而曾參、史鰌就是這種人的典型。

多言詭辯的，說大套空話，咬文嚼字，心思馳縱於「堅白同異」這些詭異論題上，豈不就是枉勞心智、沽名釣譽而爭辯些無益的問題嗎？而楊朱、墨翟就是這類人的典型。

上述情形都是旁門左道，絕不是天下的至理和正道。那所謂的至理正道，就是不違反事物各得其所而又順應自然的真情。所以說合在一塊的不算是「駢」生，而旁出枝生的不算是「歧」生，長的不算是多餘，短的不算是不足。

因此，野鴨子的腿雖短，你要是給牠加上一截，牠就難受；

野鶴的腿雖長，你要是給牠砍掉一截，牠就痛苦。

所以原本該是長的，就不能切短；原本就是短的，也不必接長。這都沒有什麼可憂慮的。仁義恐怕不是人所固有的真情吧？那些倡導仁義的人怎麼會有那麼多擔憂呢？

況且，對於腳拇指駢生的人來說，你給他切開，他就要痛哭；對於枝生了多餘手指的人來說，你要給他咬斷了，他也要痛哭。

這兩種情形，或者多於應有的指頭數目，或不足於應有的指頭數目。卻同樣在要改變時感到痛苦。
當今的仁人君子們，卻半閉著雙眼去憂慮世間的禍患；
而不仁的人們，摒棄人的本真和自然而貪求富貴。
所以說仁義大概是違背人之天性的！自堯舜禹以來，天下為何這般喧鬧競逐呢？

羊為什麼丟了

小的迷惑會使人錯亂方向，大的迷惑就會迷失本性。
憑什麼知道是這樣的呢？自從虞舜拿仁義為號召而擾亂天下，天下人莫不為仁義而疲於奔命，這豈不是用仁義錯亂本性嗎？
因此我們可以推論，自堯、舜、禹以來，天下沒有誰不借助於外物來改變自身的天性。

平民百姓不惜冒生命危險以求私利；
士人則不惜冒生命危險去追求功名；
卿大夫則不惜捨命來壯大家業；
聖人則是不惜犧牲生命去為天下。
這些人雖然事業不同，名號各異，但他們傷害本性，犧牲自己，卻是一樣的。

比如有一男奴和一童僕，二人去放羊卻都讓羊跑了。問及他們，
男奴說，手執冊簡在讀書；
童僕說，和同伴做遊戲。
二人雖然所做的事不同，但在丟羊這件事情上是一樣的。

伯夷為了賢名死於首陽山下，
叔齊
伯夷
盜跖為了財利死於東陵山上。
盜跖
二人雖然死的原因不同，但在殘害生命、損傷本性方面，卻是一樣的，何必去讚揚伯夷而貶責盜跖呢！

胠篋

為了防備開箱掏袋鑿櫃子一類的小賊，就必須捆緊袋口，鎖緊箱櫃，這就是一般人所說的聰明作法。

然而大盜一來，就連箱子、櫃子、袋子一起扛走了，反過來還唯恐你的綁繩鎖鈕不牢固。這樣一來，先前所謂的聰明作法，不就是在幫助大盜了嗎？

所以我曾試圖討論這種情況：世俗稱其為聰明的人，能有不替大盜積儲的嗎？

怎麼知道是這樣的呢？從前齊國鄰里相望，雞狗之聲相聞，其人民魚網撒佈的範圍、犁鋤所耕作的土地，方圓二千里；統領四境之內，所以立宗廟社稷，以及治理大小區域，何嘗不是效法聖人的作法呢？

然而田成子一夜之間殺了齊國國君而盜得了齊國。他所盜竊奪取的難道又僅僅只是那樣一個齊國嗎？其實是連所謂聖智的名法也一併盜了去。

所以田成子雖然有盜賊的名聲，卻自命為堯舜，過得安穩，小國不敢非議他，大國不敢誅伐他，他占有了齊國。這樣一來，他就不僅竊取了齊國，而且把聖智之法也一併盜去以保護他那盜賊之身了嗎？

盜亦有道

盜跖的門徒問跖說：「盜也有道嗎？」盜跖說：「哪個地方會沒有道呢？」
哈哈，這個問題提的好！
「能猜測室中藏有什麼財貨，就是聖；
「率先進去偷，就是勇；」

「最後出來，就是義；」
「知道下手不下手的火候，就是智；」
「分贓平均，就是仁。」
「這五者不具備而能成大盜的，則是天下沒有的事。」
不可能

聖人不死，大盜不止

聖人不死，大盜也就不會中止。

雖說是借重聖人來治理天下，事實上則大大便宜了盜跖們。

製造斗斛這些量器來量東西，實則製造了斗斛讓他們連同財貨一起盜走；

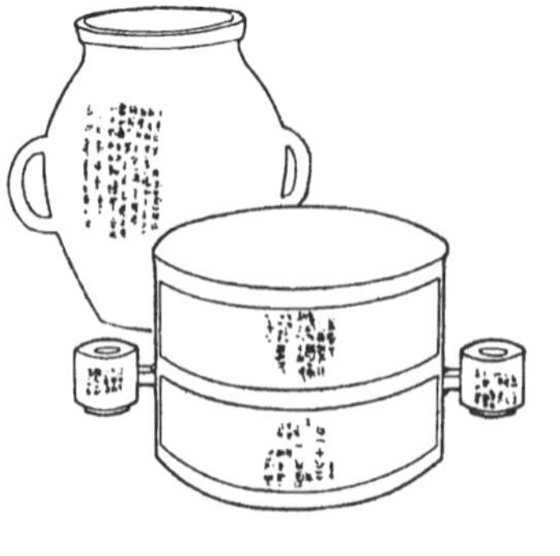

製造秤砣、秤桿之類的衡器來計量物品的輕重，實則讓他們連同衡器一同盜走；

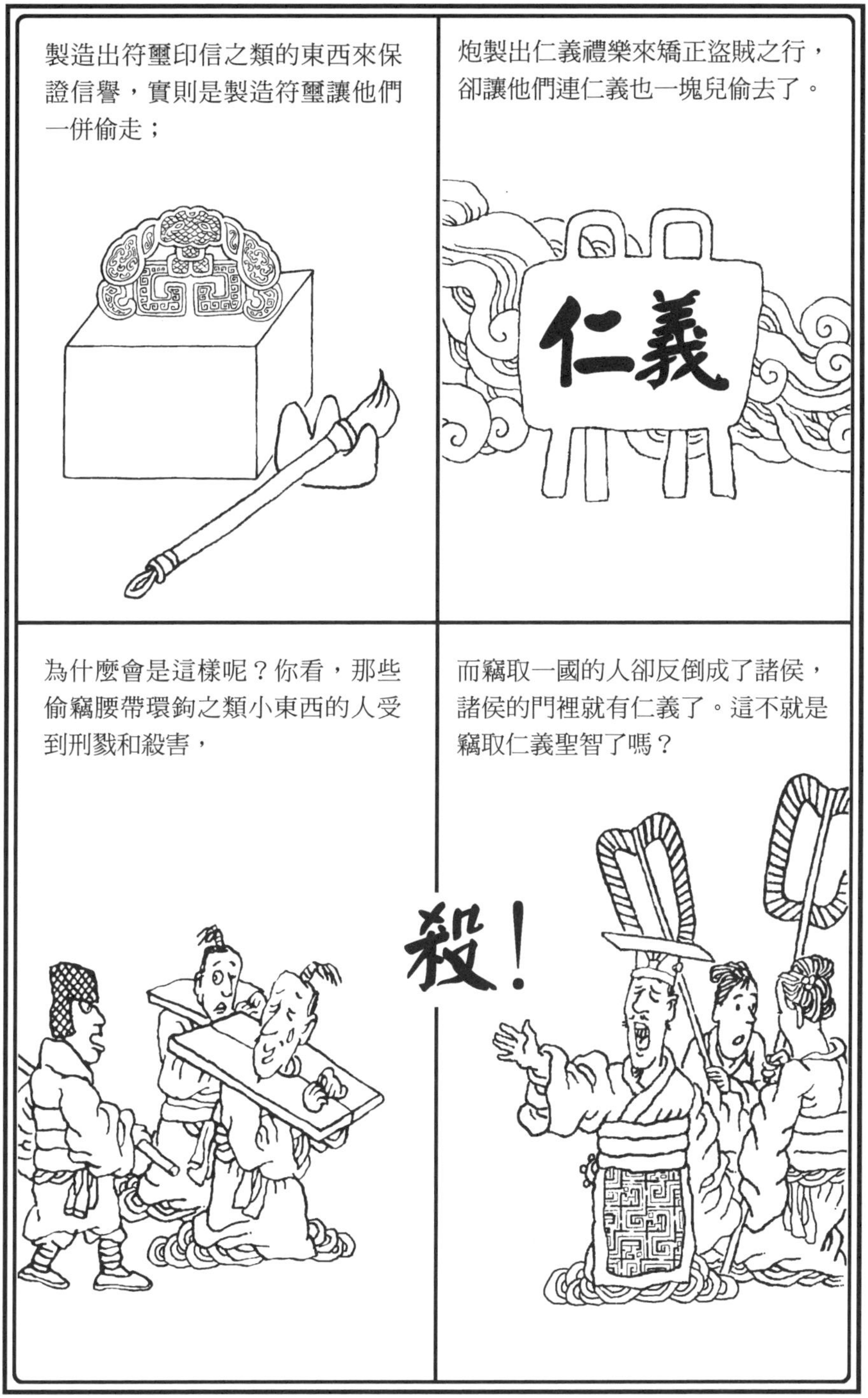
製造出符璽印信之類的東西來保證信譽，實則是製造符璽讓他們一併偷走；
炮製出仁義禮樂來矯正盜賊之行，卻讓他們連仁義也一塊兒偷去了。
仁義
為什麼會是這樣呢？你看，那些偷竊腰帶環鉤之類小東西的人受到刑戮和殺害，
殺！
而竊取一國的人卻反倒成了諸侯，諸侯的門裡就有仁義了。這不就是竊取仁義聖智了嗎？

因而那些追隨大盜擁位諸侯，竊取仁義和斗斛、權衡、符璽之利的人，不用高車冠冕去獎賞他們也會這樣作，斧鉞之刑也不能阻遏他們。

這些大大有利於盜跖而不能使他們禁止的情況，都是聖人的過錯。

什麼叫做「在」與「宥」

只聽說過任天下安然自在地發展，
沒有聽說要對天下進行治理。
所謂「在[8]」，就是唯恐天下之人
超越了原本的真性；
所謂「宥[9]」，就是唯恐天下之
人改變了自然的常態。
在
宥
莊子

【註釋】

⑧在：自在。

⑨宥：寬容。

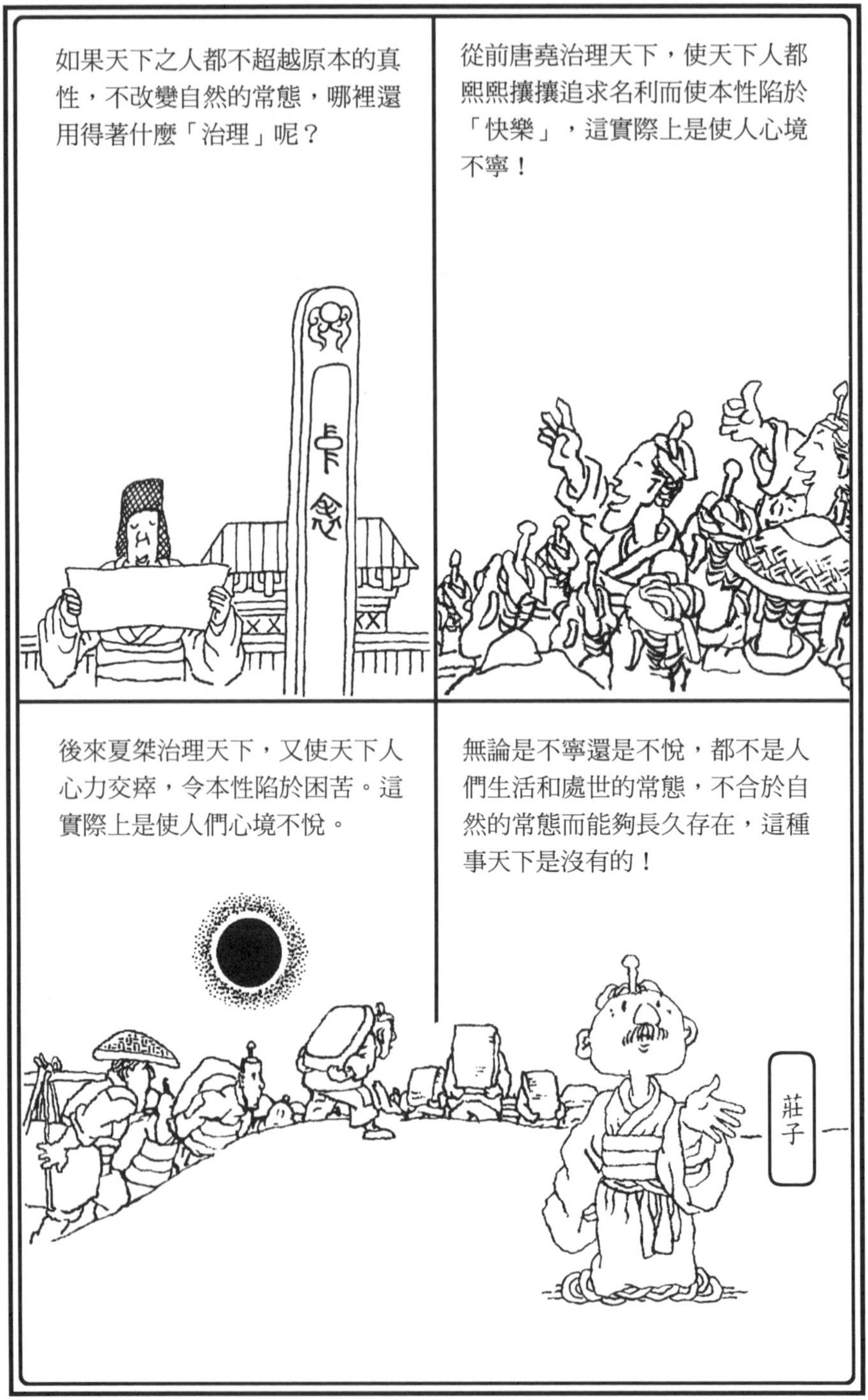
如果天下之人都不超越原本的真性，不改變自然的常態，哪裡還用得著什麼「治理」呢？
從前唐堯治理天下，使天下人都熙熙攘攘追求名利而使本性陷於「快樂」，這實際上是使人心境不寧！
後來夏桀治理天下，又使天下人心力交瘁，令本性陷於困苦。這實際上是使人們心境不悅。
無論是不寧還是不悅，都不是人們生活和處世的常態，不合於自然的常態而能夠長久存在，這種事天下是沒有的！
莊子

黃帝問道

黃帝作天子十九年了，詔令通行天下。
黃帝
聽說廣成子住在空洞山上，就特地去看他。
空洞山
我聽說先生您通曉至道，請問至道的精粹。我想攝取天地的精華，用來助長五穀，來養育人民；我又想主宰陰陽來順應萬物眾生，您看應該怎麼辦？
黃帝

廣成子說：「你所想問的，是萬事萬物的本；你所要主宰的，是萬事萬物的殘渣。自從你治理天下，雲氣未及凝聚就下雨了，草木未及枯黃就凋零了，日月的光輝更加失色了。你這佞人的心境這般淺陋，哪裡有資格談至道呢？」
廣成子
黃帝倖倖而退。回去後拋棄天下政事，築了一間別室，以白茅草為臥具，獨居了三個月，然後再前往請教。
黃帝
廣成子朝南躺著，黃帝順下風跪行上前，反覆叩拜後問：「聽說先生通曉至道，請問，怎樣修身才能長壽？」

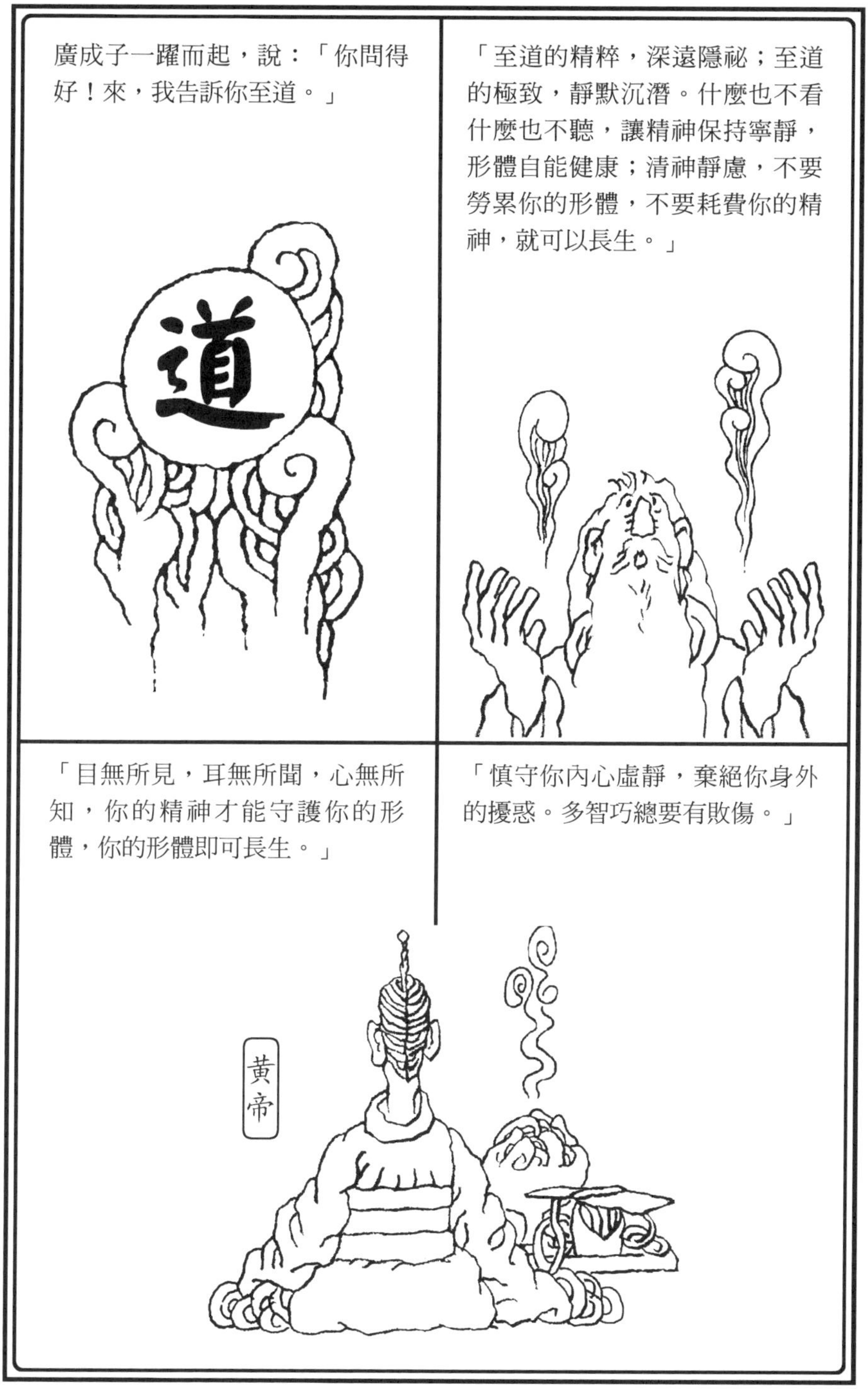
廣成子一躍而起，說：「你問得好！來，我告訴你至道。」
道
「至道的精粹，深遠隱祕；至道的極致，靜默沉潛。什麼也不看什麼也不聽，讓精神保持寧靜，形體自能健康；清神靜慮，不要勞累你的形體，不要耗費你的精神，就可以長生。」
「目無所見，耳無所聞，心無所知，你的精神才能守護你的形體，你的形體即可長生。」
「慎守你內心虛靜，棄絕你身外的擾惑。多智巧總要有敗傷。」
黃帝

「我幫你達到最光明的境界，到達『至陽』的根源；幫你進入深遠的門徑，到達『至陰』的根源。」天地各司其職，陰陽各居其所，謹慎守護你自身，萬物會自然昌盛。」
廣成子
「我持守『至道』的純一而把握『至道』的和諧，所以我修身一千二百歲了，我的身體未曾衰老。」
廣成子
黃帝再拜手稽首說：「廣成子您說的真是神啦！」
黃帝

廣成子說：「來，我再告訴你。『至道』本來是沒有窮盡的，而人皆以為有窮盡，所以千方百計地去占有；『至道』本來是不可測量的，而人皆以為有其極限，所以想方設法、無比貪婪地去追求。」
「掌握了我所說的道的人，上者可以為皇而下者可以為王；喪失了我所說的道的人，在上只能見到日月的光亮，在下只能化為黃土。」
「萬物都生於土而復歸於土，所以我也得離開你們，反歸冥寂之本，進入那沒有窮盡的大門。應變天地之間，遊無極之境。我將與日月同光，將與天地合一，迎我而來，我無所牽掛；背我而去，我也不在意。人不免都有一死，而我還能獨自留存嗎？」
廣成子

淺薄的政客

有一種令人討厭的人，總喜歡別人與自己的意見相同，而排斥與自己意見不同的人。
希望別人與自己相同，不願別人與自己不同，這實際上是老想出人頭地的心理所致。
這些有著出人頭地心理的人，何曾就超出大家了呢？

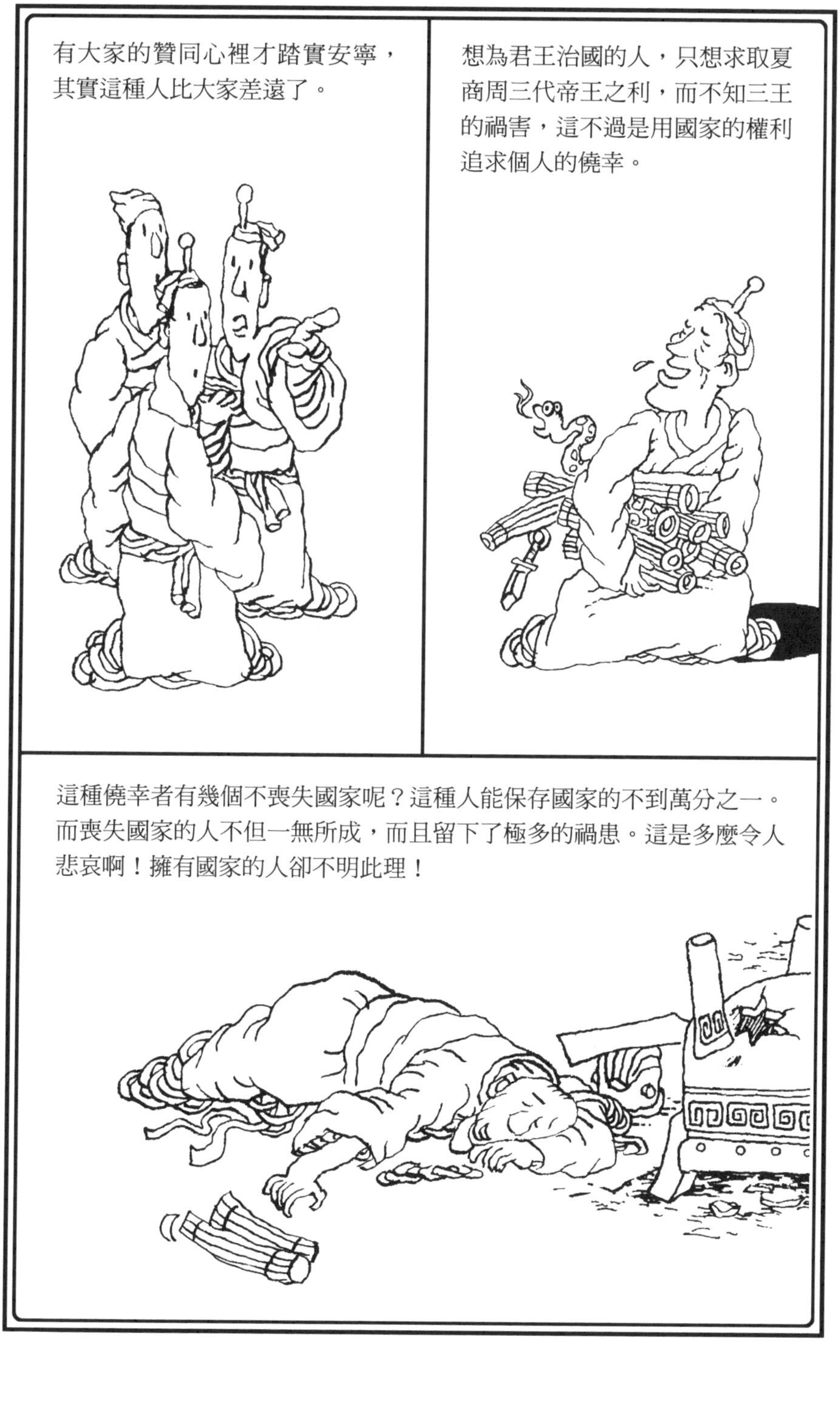
有大家的贊同心裡才踏實安寧，其實這種人比大家差遠了。
想為君王治國的人，只想求取夏商周三代帝王之利，而不知三王的禍害，這不過是用國家的權利追求個人的僥幸。
這種僥幸者有幾個不喪失國家呢？這種人能保存國家的不到萬分之一。而喪失國家的人不但一無所成，而且留下了極多的禍患。這是多麼令人悲哀啊！擁有國家的人卻不明此理！

莊子心中的君子

道是覆蓋和負載萬物的，浩瀚而廣大！君子不可以不敞開心胸、排除一切雜念來效法。以無為的態度去做事就合乎自然，以無為的方式來說就是德，
道
德

愛護眾人、照顧萬物就是仁，
融合不同就是大，
仁大

行為不標新立異就是寬，包羅萬有就是富，
保持自然賦予的稟性叫做紀，
實踐德行就是立，
遵循於道叫做修養完備，
不因外物挫折而扭曲心志叫做完美無缺。

君子若明白了這十項標準，也就容藏了立功濟物的偉大心志，如滔滔的流水匯往大海一樣成為萬物的歸宿。
像這樣，就能藏金於深山，
沉珠於深淵，

不貪圖財物，不追求富貴，不以長壽為樂，不為夭折悲哀；
不以通達為榮，不以貧窮為恥；
不搜刮世間的利益為己有，不以稱王於天下而顯威風。顯威風就會妄自尊大。
要知道萬物最終將歸結於同一，死與生並不存在區別。

為什麼象罔能夠找到玄珠

黃帝到赤水的北岸遊玩，登上崑崙山巔峰，向南邊眺望。
回去以後，黃帝發現遺失了玄珠，於是派才智超群的知去尋找，但沒能找到。
派目光銳利的離朱去找，也沒有找到。

?!
派善於聞聲辨言的喫詬去尋找，也沒有找到。
黃帝覺得：想找到玄珠，恐怕是沒希望了。於是讓沒有智慧、眼光不好、聽覺也不好的象罔去尋找，而象罔卻找回了玄珠。
黃帝說：「奇怪啊！只有象罔才能夠找到嗎？」

齧缺為什麼不應做天子

堯的老師是許由，許由的老師是齧缺，齧缺的老師是王倪，王倪的老師是被衣。
堯請教許由說：「齧缺能夠做天子嗎？我想透過他的老師王倪去邀請他。」
許由回答說：「這樣恐怕天下就危險了！」

「齧缺這個人，耳聰目明，
智慧超群，行動辦事快捷機
敏，天賦過人，但是他竟然要用人為
的心智去對應並調合自然的稟賦。」
「他懂得該怎樣防堵過失，卻不
知道過失產生的原由。」
「讓他做天子嗎？他將借助於人
為而拋棄自然，將會以自身為標
準去改變萬物原來的型態。」
齧缺

「將會尊崇才智而急急忙忙地為求知和馭物奔走馳驅，將會被細末的瑣事所役使，將會被外物所拘束。」

「將會環顧四方、目不暇接地跟外物應接，將會事事苛求完美，將會隨著萬物變化而不能保持常態。」

「他怎麼能夠做天子呢？像他這樣的人，可以做個百姓的長，卻不可以擔任百官之上的君主。治理天下，是天下動亂的根源，是臣子的災難，也是君主的禍根。」

華封人請祝

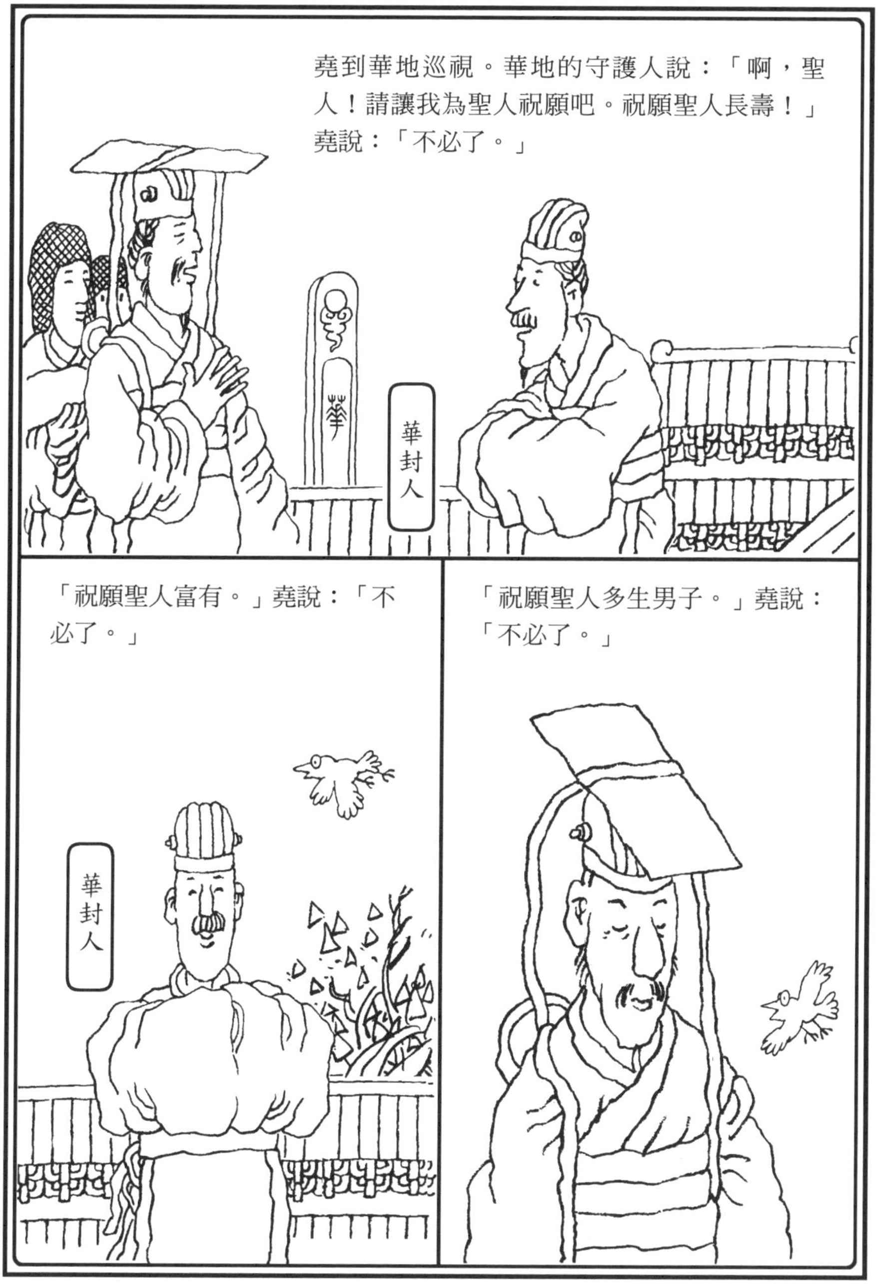
堯到華地巡視。華地的守護人說：「啊，聖人！請讓我為聖人祝願吧。祝願聖人長壽！」堯說：「不必了。」
華封人
「祝願聖人富有。」堯說：「不必了。」
華封人
「祝願聖人多生男子。」堯說：「不必了。」

守護華地的人說：「壽延、富有和多生男子，這是人們都想要的，你卻不願意得到，這是為什麼呢？」
堯說：「多生男孩子就多了一層憂懼，多財物就多出了麻煩，壽命長了多受些困辱。這三個方面都無助於培養天賦，所以我要謝絕你對我的祝願。」

守護華地的人說：「本來我以為你是個聖人，現在看來你只是個君子。」
華封人
「蒼天讓萬民降生人間，必定會授給他一定的差事。男孩子多而授給他們的差事也就一定多，有什麼可憂懼的呢！」
「富有了可以把財物分給大家，又有什麼可麻煩的！」
「聖人總是像鵪鶉一樣隨遇而安、居無常處，」

「像待哺的雛鳥一樣無心覓食，像鳥兒在空中飛行不留下一點蹤跡；」
「天下有道，就同萬物一起昌盛。」
「天下無道，就在閒居中修身養性趨就閒暇；」
「活了一千年覺得時間夠久了，就離開人世而升天成仙；乘著白雲，去到天與地交接的地方。」

「壽延、富有、多生男孩子所導致的多辱、多事、多懼都不會降臨，身體也不會遭殃，又有什麼屈辱呢！」
守護華地的人轉身離去，堯卻跟在他的後面，說：「希望能得到你的指教。」
○○○○○○
堯帝
守護華地的人說：「你還是回去吧！」

伯成子高

堯治理天下的時候，伯成子高被封為諸侯。等到堯把帝位讓給了舜，舜又讓給了禹，伯成子高就辭去了諸侯的職位而去從事耕作。

禹前去拜見他，他正在地裡耕作。禹趕快走到下方，恭敬地站著問伯成子高說：「當年堯治理天下的時候，先生被封為諸侯。等到堯把帝位讓給了舜，舜又讓給了我，先生卻辭去了諸侯的職位而來耕作。我冒昧地請問，這是為什麼呢？」

伯成子高說：「以前堯治理天下，不須獎勵而百姓自然勤勉，不須處罰而人民自然敬畏。」
「現在你施行賞罰而人民百姓卻不仁愛，德行從此衰敗，刑罰從此建立，後世的禍亂也就從此開始了。」
「你怎麼還不走開呢？不要耽誤了我耕田！」說完低下頭繼續耕作，不再理睬禹。
伯成子高
大禹

盛德的時代

盛德的時代，不崇尚賢才，不任使能人；國君居於上位如同樹的高枝一樣，他無心在上而自然居於高位，百姓像無知無識的野鹿無所拘束；

行為端正卻不把它看作道義，相互友愛卻不把它看作仁愛，敦厚孝實卻不把它看作忠誠，辦事得當卻不把它看作義信，無心地活動而又相互友助卻不把它看作恩惠。所以行動之後不會留下痕跡，所以故事也就沒有留傳下來。

世俗的力量

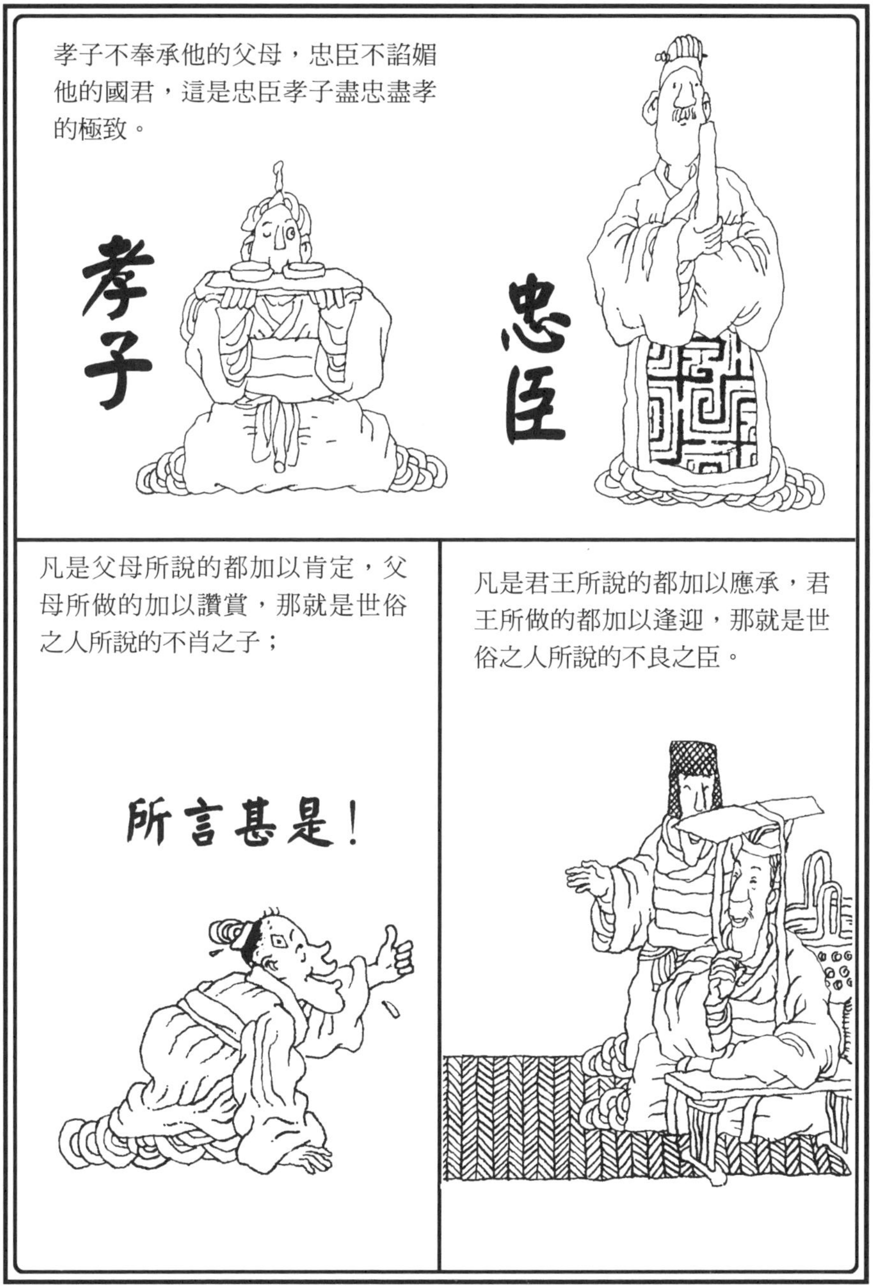
孝子不奉承他的父母，忠臣不諂媚他的國君，這是忠臣孝子盡忠盡孝的極致。
孝子
忠臣
凡是父母所說的都加以肯定，父母所做的加以讚賞，那就是世俗之人所說的不肖之子；
所言甚是！
凡是君王所說的都加以應承，君王所做的都加以逢迎，那就是世俗之人所說的不良之臣。

人們認為的所謂正確我們就把它當作是正確的，人們認為所謂好的我們就把它當作是好的，卻不稱他們是諂媚之人。
可是人們卻不懂得：世俗的看法就一定是正確的嗎？
這樣，豈不是世俗的觀念和看法比父母更可親敬、比君王更可尊崇了嗎？

莊子的「三人行」

三個人一起行走，如果其中一個人迷惑，要去的地方還是可以到達的。因為畢竟只有少數人迷惑；
三個人中如果有兩個人迷惑，就會徒勞而到達不了目的地了，因為迷惑的人占多數。
如今天下人全都迷惑不解，我即使祈求導向，也不可能有所幫助，這不令人可悲嗎？

人樂與天樂

自然之道（規律）的運行是從不停止的，所以萬物得以生成。

帝王之道也是從不停頓的，所以天下歸心。聖人之道的運行也是不停頓的，所以四海之內人人傾心折服。

明白了自然法則，通曉聖哲的主張，對於了解帝王之德的人來說，上下四方和四季的通達，全都是自身的活動，就會不露行跡，不破壞寧靜的心態。

聖人主張清靜，不是說清靜美好，所以才去追求清靜。各種事物都不能動搖和擾亂他的內心，因而內心才清靜。

水在靜止時能像鏡子那樣清晰地照見人的鬚眉，水的平面合於水平測定的標準，所以被高明的工匠作為水準。水平靜下來尚且清澄明澈，又何況是人的精神！

聖賢人的心境是多麼虛空寧靜啊！可以作為天地的明鑒，萬物的明鏡。
莊子
虛靜、恬淡、寂寞、無為，是天地的本源，是道德修養的實質，所以古代帝王和聖明的人都停留在這一境界上。
停留在這一境界上，就會心境空靈虛淡，空靈虛淡也就會充實，心境充實精神就能完備。

心境空靈才會平靜寧寂，平靜寧寂而後才有動，有動而後有所得。

虛靜才能無為，無為能使人各盡其責。無為也就從容自得，從容自得的人就不會與憂愁與禍患相伴，壽命也就長久了。

虛靜恬淡寂寞無為者壽

虛靜、恬淡、寂寞、無為，是天地的根本。明白這個道理而居於帝王之位，就像堯作為國君。明白這個道理而居於臣下之位，就像舜作為臣子。

憑借這個道理而處於上位，就是帝王治世的盛德。
憑借這個道理而處於庶民百姓的地位，就是玄聖素王的看法和主張。
憑借這個道理退居閒遊於江海，山林的隱士就推心折服。
憑借這個道理躋身士林而安撫世間百姓，就能功業卓著，名揚四海而使天下大同。
莊子

清靜而成為玄聖，行動而成為帝王，無為則為萬物所尊崇。保持淳厚樸素的天性那天下就沒有什麼東西可以跟他媲美。

明白天地以無為為本的規律，這就叫做把握了根本和宗源，成為與自然相諧的人。用此來平均分配萬物，順應民情，就是跟眾人諧和的人。

與人相諧和稱作人樂，與自然相諧和就稱作天樂。

為什麼聖人的話只是一些糟粕

齊桓公在堂上讀書，輪扁在堂下砍削車輪。
輪扁放下錘子和鑿子走上朝堂，問齊桓公說：「冒昧地請問，您所讀的書都說些什麼呢？」
是聖人的話語。

輪扁說：「聖人還在世嗎？」
輪扁
齊桓公說：「已經死了。」
齊桓公
輪扁說：「這樣的話，那麼君王您所讀的書，不過是古人的糟粕而已！」齊桓公說：「寡人讀書，你一個製作車輪的人怎麼可以妄加議論呢？說得出理由還可以原諒你，說不出道理那就處死你！」

輪扁說：「我從我從事的職業觀察得出這樣一個道理：砍削輪子，要是輪榫太鬆，容易鬆滑；要是太緊了，那就會滯澀而放不進去。」
「最好要不鬆不緊，才能做到得心應手，我雖然口裡說不出其中的道理，卻有奧妙與訣竅在其中。」
「我難以把這奧妙告訴給我的兒子，我兒子也不能從我這裡得到這些經驗來繼承父業，所以我年有七十，仍在砍削車輪。」
扁大
扁二
「古時候的人跟他們那不可言傳的奧妙一起兒死亡了啊，那麼您所讀的書，當然不過是古人的糟粕了！」
唔

東施效顰

從前西施因為心口疼而皺著眉頭在鄰里間行走，
鄰里的一個女人看見了認為皺著眉頭很美，回去
後也在鄰里間捂著胸口皺著間頭。
西施
東施
鄉里的富人看見了，緊閉著門而
不出；窮人看見了，帶著妻子兒
女遠遠地避開。
那個女人只知道皺著
眉頭好看，卻不知道
皺著眉頭為什麼好
看。

望洋興嘆

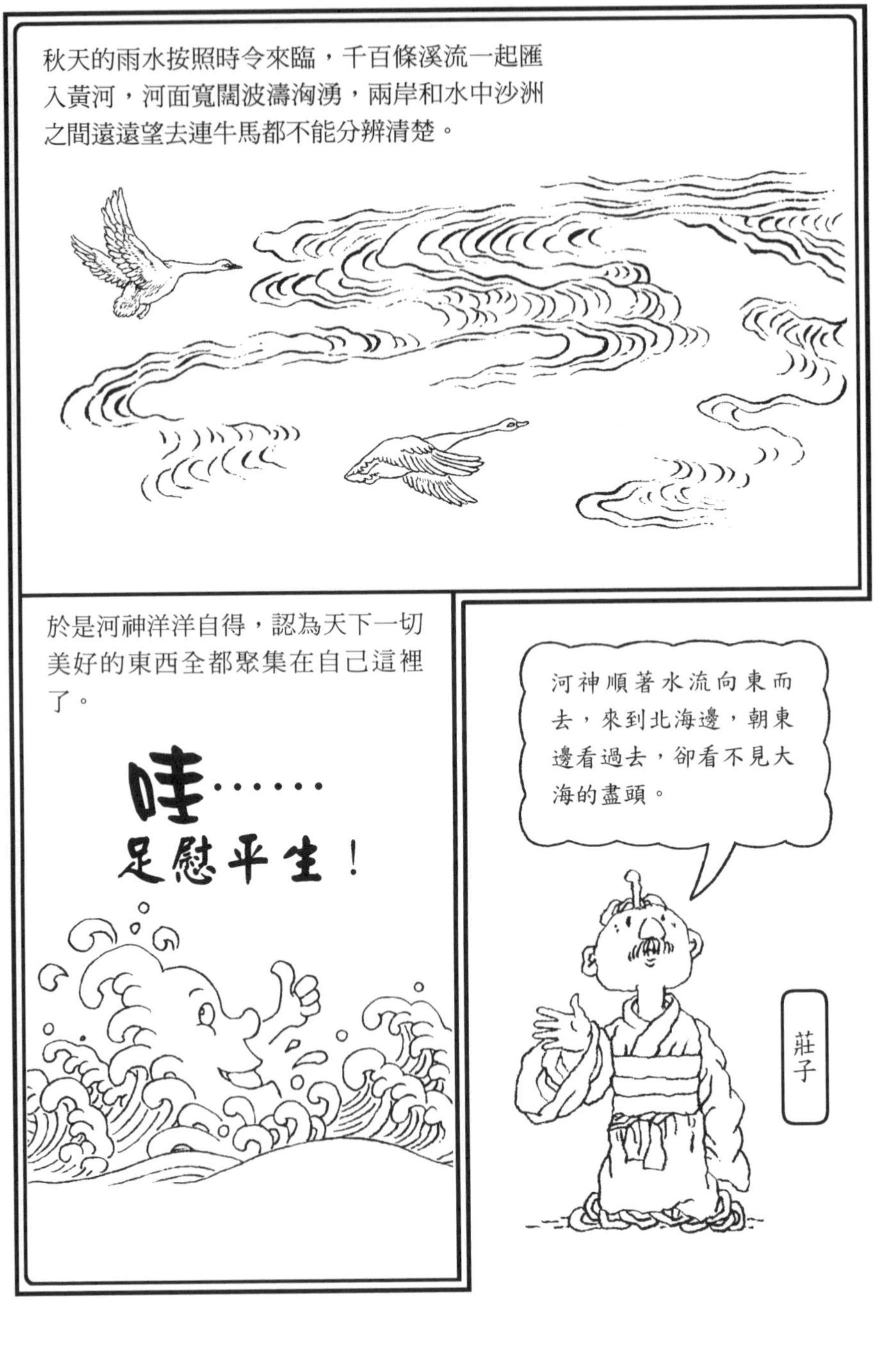
秋天的雨水按照時令來臨，千百條溪流一起匯入黃河，河面寬闊波濤洶湧，兩岸和水中沙洲之間遠遠望去連牛馬都不能分辨清楚。
於是河神洋洋自得，認為天下一切美好的東西全都聚集在自己這裡了。
哇……足慰平生！
河神順著水流向東而去，來到北海邊，朝東邊看過去，卻看不見大海的盡頭。
莊子

於是河神方才改變先前自得的面孔，面對著海神仰首慨嘆：「俗話說『知道一些道理，就認為天下沒有人能比得上自己』的，說的就是我這樣的人了。」

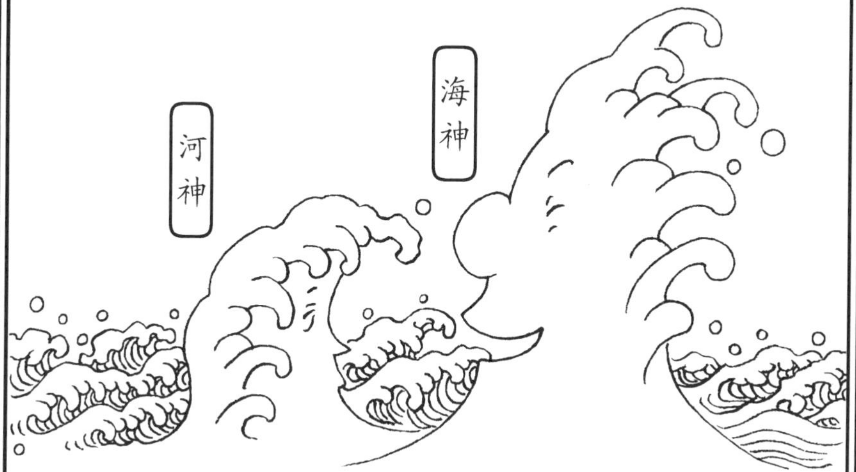

「而且我還曾聽說過孔丘懂得的東西太少、伯夷的高義不值得看重的話語，開始我不相信，現在我親眼目睹了你這樣的浩淼博大、無邊無際，我要不是因為來到你這裡，我必定會永遠被修養高深的人恥笑。」

海神說：「井底的青蛙，不可以同牠談論大海，是因為牠們受到生活空間的限制；」
「夏天的蟲子，不可以同牠們談論冰凍，是因為牠們受到生活時間的限制；」
「鄉曲之士，不可以同他們談論大道，是因為他們受到禮教的束縛。」
鄉曲之士
「現在你離開了河道，看到了大海，總算知道了自己的鄙陋，你就可以參與談論大道了。」
「天下的水，沒有比海更大的，所有的河流都要流歸大海，不知道什麼時候才會停歇而大海卻從不會滿溢；」

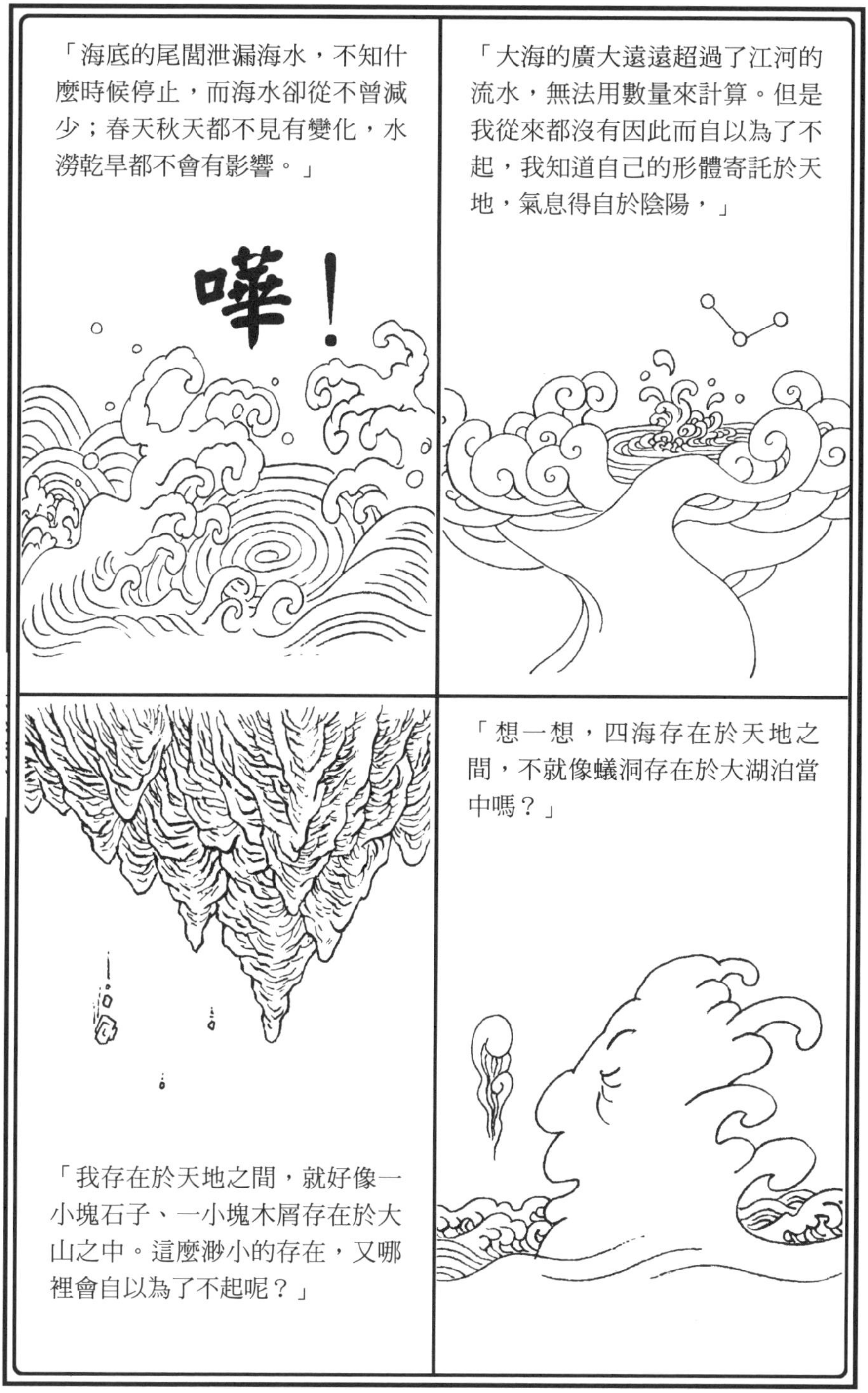
「海底的尾閭泄漏海水，不知什麼時候停止，而海水卻從不曾減少；春天秋天都不見有變化，水澇乾旱都不會有影響。」
嘩！
「大海的廣大遠遠超過了江河的流水，無法用數量來計算。但是我從來都沒有因此而自以為了不起，我知道自己的形體寄託於天地，氣息得自於陰陽，」
「我存在於天地之間，就好像一小塊石子、一小塊木屑存在於大山之中。這麼渺小的存在，又哪裡會自以為了不起呢？」
「想一想，四海存在於天地之間，不就像蟻洞存在於大湖泊當中嗎？」

「再想想，中原大地存在於四海之內，不就像小米粒存在於大糧倉裡嗎？世間物種的數目以萬來計量，人類只是萬物中的一種；」
「人們聚集於九洲，糧食在這裡生長，舟車在這裡通行，而個人只是眾多人群中的一員；個人與萬物比較起來，不就像是一匹馬身上的一根毫毛嗎？」
「五帝所禪讓的，三王所爭奪的，仁人所憂慮的，賢才所操勞的，全都可以由此看透！」
「伯夷辭讓爵位以博取名聲，孔丘講述六經以顯示淵博，這大概就是因為他們的自滿與自傲；不就像你先前在河水暴漲時的洋洋自得嗎？」

夔、蚿、蛇和風

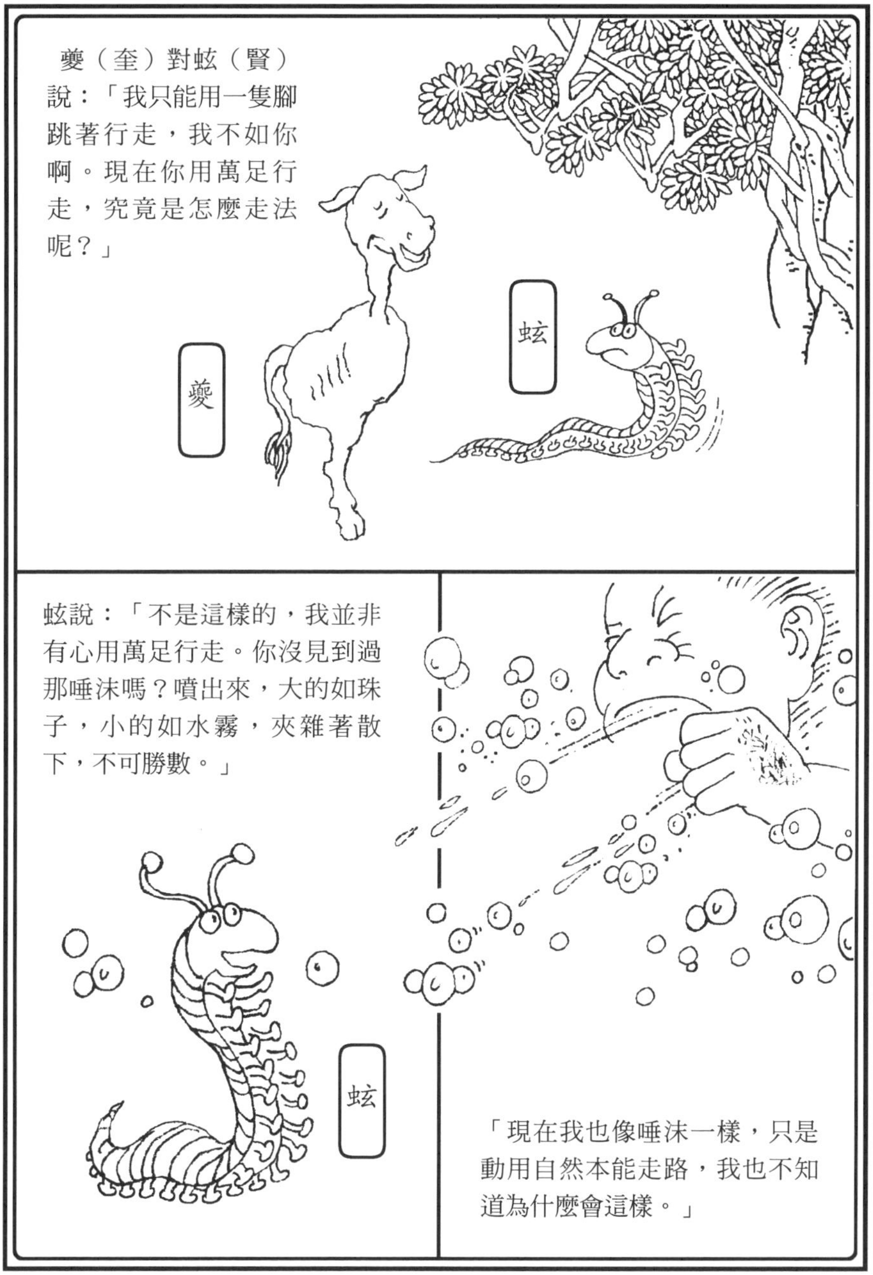
夔（奎）對蚿（賢）說：「我只能用一隻腳跳著行走，我不如你啊。現在你用萬足行走，究竟是怎麼走法呢？」
夔
蚿
蚿說：「不是這樣的，我並非有心用萬足行走。你沒見到過那唾沫嗎？噴出來，大的如珠子，小的如水霧，夾雜著散下，不可勝數。」
蚿
「現在我也像唾沫一樣，只是動用自然本能走路，我也不知道為什麼會這樣。」

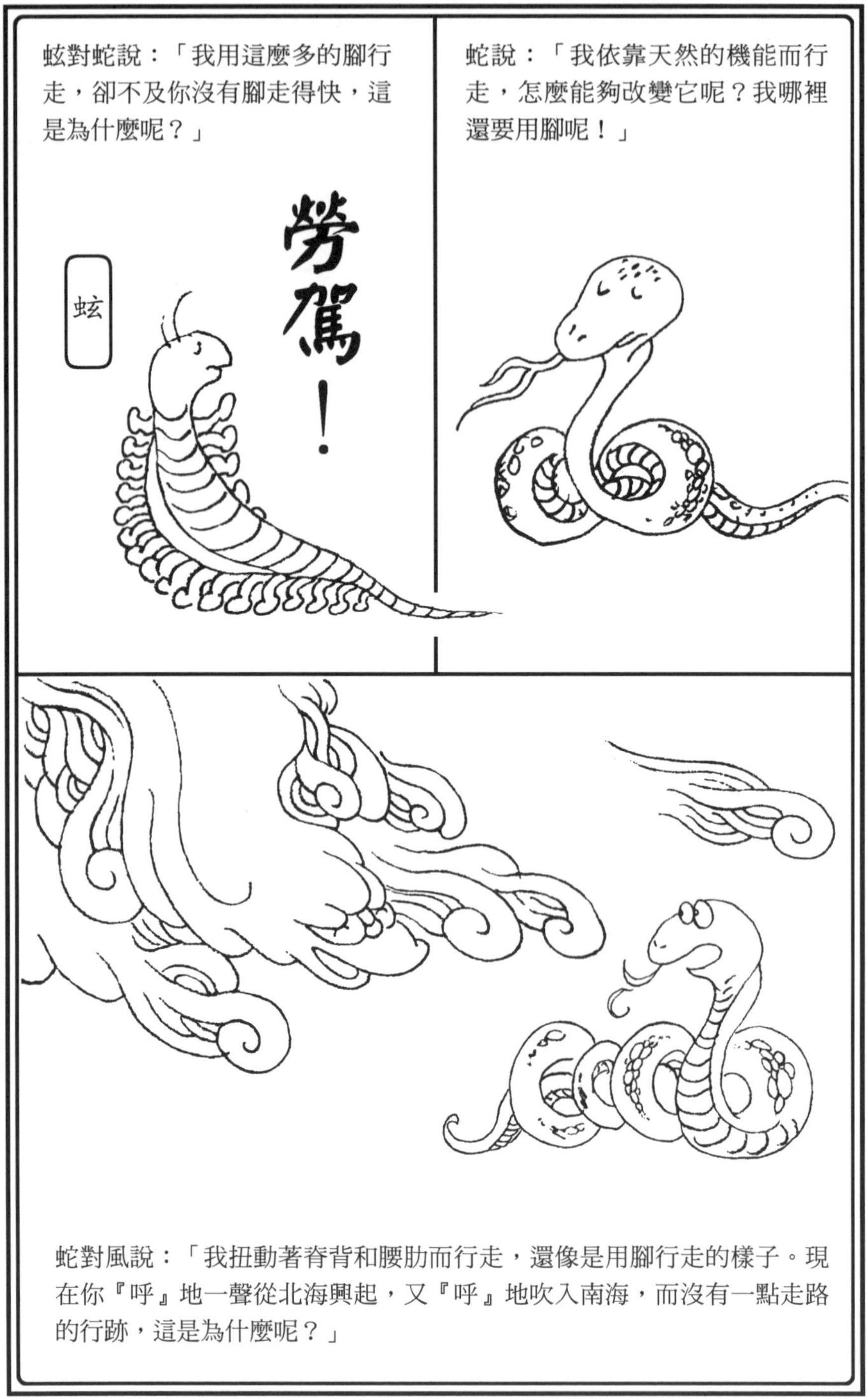
蚿對蛇說：「我用這麼多的腳行走，卻不及你沒有腳走得快，這是為什麼呢？」
蚿
勞駕！
蛇說：「我依靠天然的機能而行走，怎麼能夠改變它呢？我哪裡還要用腳呢！」
蛇對風說：「我扭動著脊背和腰肋而行走，還像是用腳行走的樣子。現在你『呼』地一聲從北海興起，又『呼』地吹入南海，而沒有一點走路的行跡，這是為什麼呢？」

風說：「是的，我『呼呼』地從北海進入南海，可是有人用手指我，我不能吹斷他的手指；用腳踢我，我也不能吹斷他們的腳。儘管如此，像吹折大樹、席捲大屋這樣的事，又只有我能做到。」

所以說，只有聽任自然的天機，不與眾小爭勝，才能成就大勝。能夠成就大勝，只有聖人才能做到。

孔子的聖人風度

孔子周遊列國路過匡地時，衛國人把他圍了起來，
但是孔子仍然撫琴歌吟，並不停止。
子路進屋拜見孔子，說：「先生為什麼還能這樣快樂呢？」

孔子說：「過來，我告訴你。我避免窮厄的局面已經很久了，但還是不可避免，這是命當如此啊！我追求通達已經很久了，但卻一直沒有實現，這是時運不佳啊！」
子路
「堯、舜的時代，天下沒有一個困頓潦倒的人，並非他們都才智超人。」
「桀、紂的時代，天下沒有一個通達的人，並非因為他們都才智低下。這都是時運所造成的。」

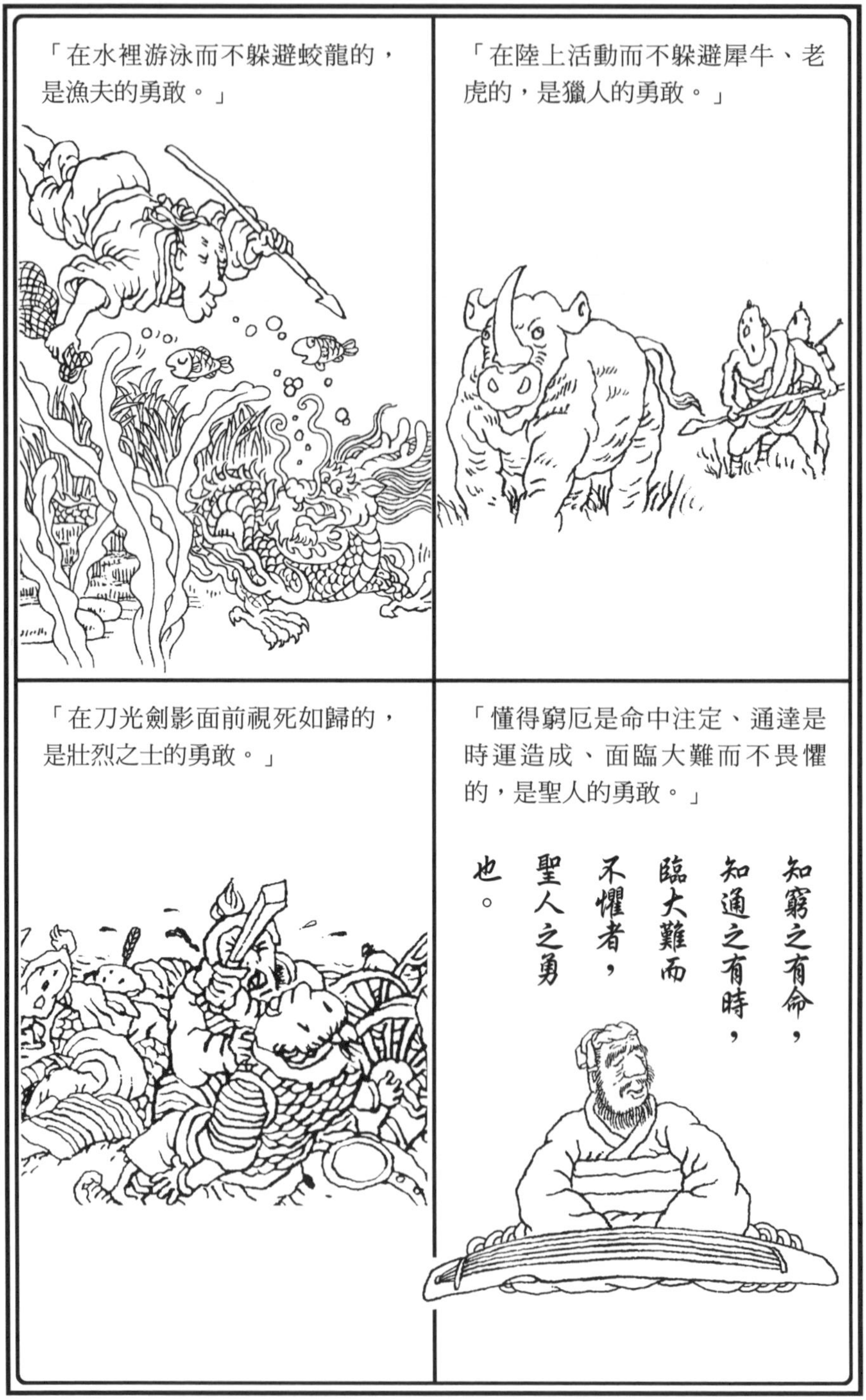
「在水裡游泳而不躲避蛟龍的，是漁夫的勇敢。」
「在陸上活動而不躲避犀牛、老虎的，是獵人的勇敢。」
「在刀光劍影面前視死如歸的，是壯烈之士的勇敢。」
「懂得窮厄是命中注定、通達是時運造成、面臨大難而不畏懼的，是聖人的勇敢。」
知窮之有命，知通之有時，臨大難而不懼者，聖人之勇也。

子路啊，你放心吧！我
的命運是上天安排的！

沒過多久，一個帶兵的將領走了進來，道歉說：「我們還以為您是陽虎呢，所以把您圍了起來。現在知道弄錯了，請讓我表示歉意，我們馬上退去。」

抱歉了！

井底之蛙

公孫龍問魏牟：「我少時學習先王之道，長大後通曉仁義道德的行為，做到了把事物的不同與相同合而為一，把一個質地堅硬、顏色潔白的物體屬性分離開來，在辯論中，我能夠將不對的說成對的，把不可以的說成可以的。使眾多的善辯之人理屈詞窮，我自認為已經達到了最通達的境界。」

「現在我聽了莊子的言論，感到茫然怪異，無所適從，不知道是我辯論的才能不及他呢？還是我的智慧趕不上他？總之現在我是無法開口了，請問這其中的道理。」

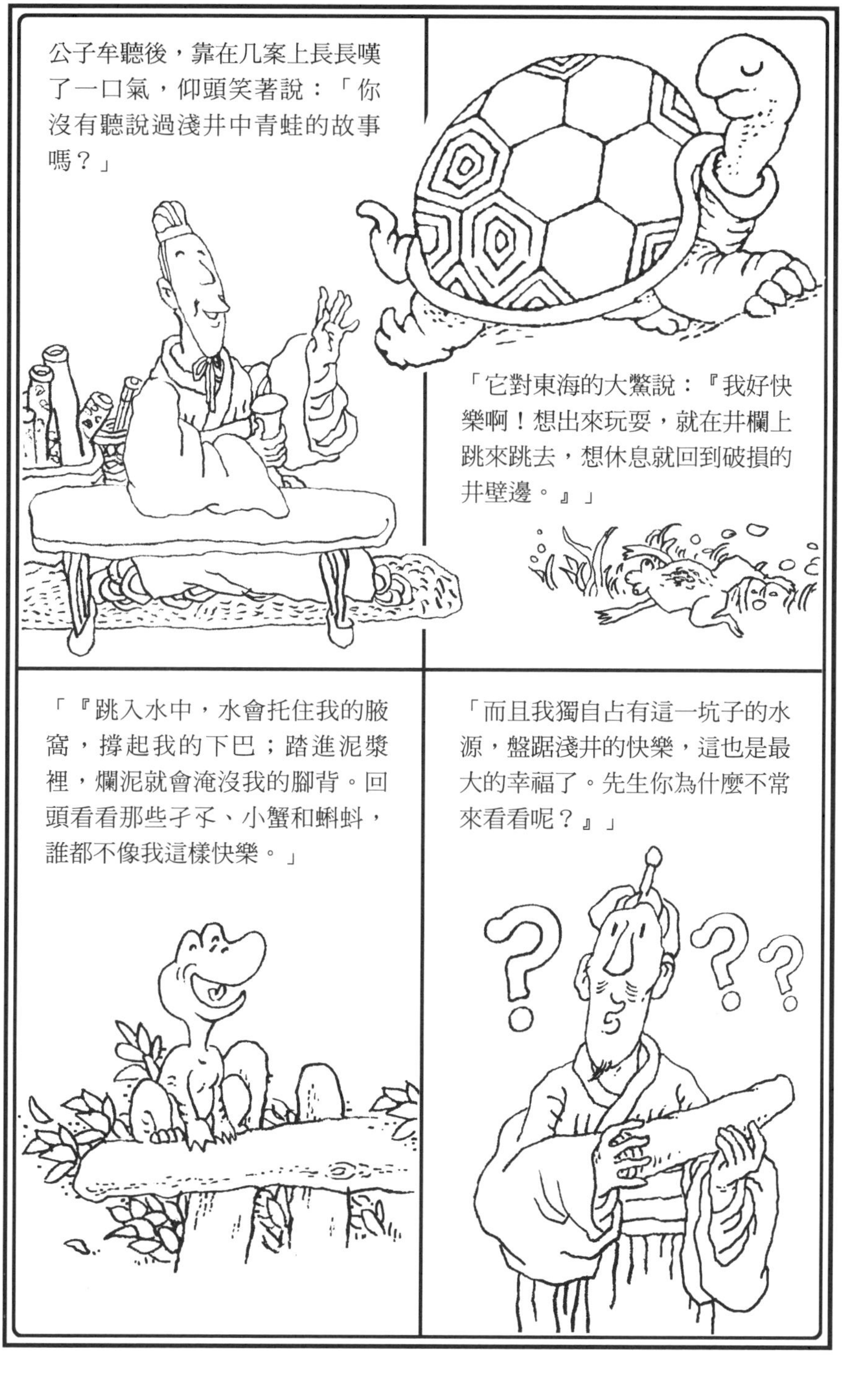
公子牟聽後，靠在几案上長長嘆了一口氣，仰頭笑著說：「你沒有聽說過淺井中青蛙的故事嗎？」
「它對東海的大鱉說：『我好快樂啊！想出來玩耍，就在井欄上跳來跳去，想休息就回到破損的井壁邊。』」
「『跳入水中，水會托住我的腋窩，撐起我的下巴；踏進泥漿裡，爛泥就會淹沒我的腳背。回頭看看那些孑孓、小蟹和蝌蚪，誰都不像我這樣快樂。」
「而且我獨自占有這一坑子的水源，盤踞淺井的快樂，這也是最大的幸福了。先生你為什麼不常來看看呢？』」

「東海的大鱉左腳還沒伸進井裡，而右膝已經被井口絆住了。於是小心地回到原處，告訴淺井之蛙大海的情況。」
「大鱉說：『那大海遼闊深邃啊，說有千里之遠，不足以形容大海之大；說有八千尺的高度，不足以量盡大海之深。」
「大禹時代，十年就有九年鬧水災，可是海水並不曾增多；」

「商湯的時代，八年就有七年鬧旱災，可是海水並不曾減少。」
「不因為時間的長短而有所變化，不因為雨量的多少而有所增減，這就是大海的快樂。』淺井之蛙聽後，頓時驚惶失措，若有所失。」
「再說，你公孫龍的智慧不足以了解是非的究竟，還想觀察莊子的至理名言，這就好比讓蚊子背山，叫馬炫過河一樣，必定不可能勝任。」
「而且你的智慧不足以談論精妙的理論，自己卻滿足於一時口舌上的勝利，這不就像淺井之蛙一樣嗎？」

「況且莊子的學說正可以下蹈黃泉而上登蒼天，不分南北，四通八達，進入到深不可測的境地；不分東西，起始於天地未分的混沌狀態，返歸於無所不適的大道。」
公子牟
「你卻不斷地用洞察的眼光去探討它，用雄辯的口氣去談論它，這簡直是用竹管去窺視蒼天之大，用錐尖測量大地之厚，不也太過渺小了嗎？」
以管測天
「你走吧！你就沒有聽說過壽陵少年到邯鄲學步的故事嗎？他不但沒有學會趙國走路的步法，而且連原來的步法也忘掉了，結果只好爬著回去。」
邯鄲學步
「現在你再不快點兒走開，將會忘掉你原來的一切，失去你原有的學業。」公孫龍呆呆地張著口，翹起舌頭放不下來，心神恍惚，匆匆忙忙地逃走了。
公孫龍

寧做自由之龜

莊子在濮水邊垂釣，
楚王派兩位大臣前來表示相邀之意。
楚王願意把國內的政事委託給先生。
莊子手持著釣竿，頭也不回地說：「我聽說楚國有一隻神龜，已經死去三千年了，楚王用竹箱裝著它，裹上巾被珍藏在宗廟裡。」

「這隻神龜，是寧願留下骨骸、顯示尊貴而死去呢，還是寧願拖著尾巴活在泥水裡呢？」
寧願拖著尾巴活在泥水裡……
莊子說：「你們走吧！我也將拖著尾巴生活在泥水裡。」

權貴如鼠

惠子做了梁國的福相，莊子去看望他。有人對惠子說：「莊子過來，是想取代你做宰相。」
於是惠子十分恐慌，在國都中連續三天三夜搜索莊子。
莊子前往去見惠子，說：「南方有一種鳥，名叫鵷鶵，你知道嗎？這鵷鶵從南方起飛，一直飛到北海。」

「不是梧桐樹牠不棲息，不是竹子的果實牠不食用，不是甜美的泉水牠不飲用。」
「這時有一隻貓頭鷹得到了一隻腐爛的老鼠，剛好鵷鶵從上空飛過。」
嚇
「貓頭鷹仰起頭，望著鵷鶵，唯恐失掉腐鼠，大聲怒斥：『嚇！』」
「現在您想拿您的梁國相位來嚇唬我嗎？」
唔

子非魚，安知魚之樂

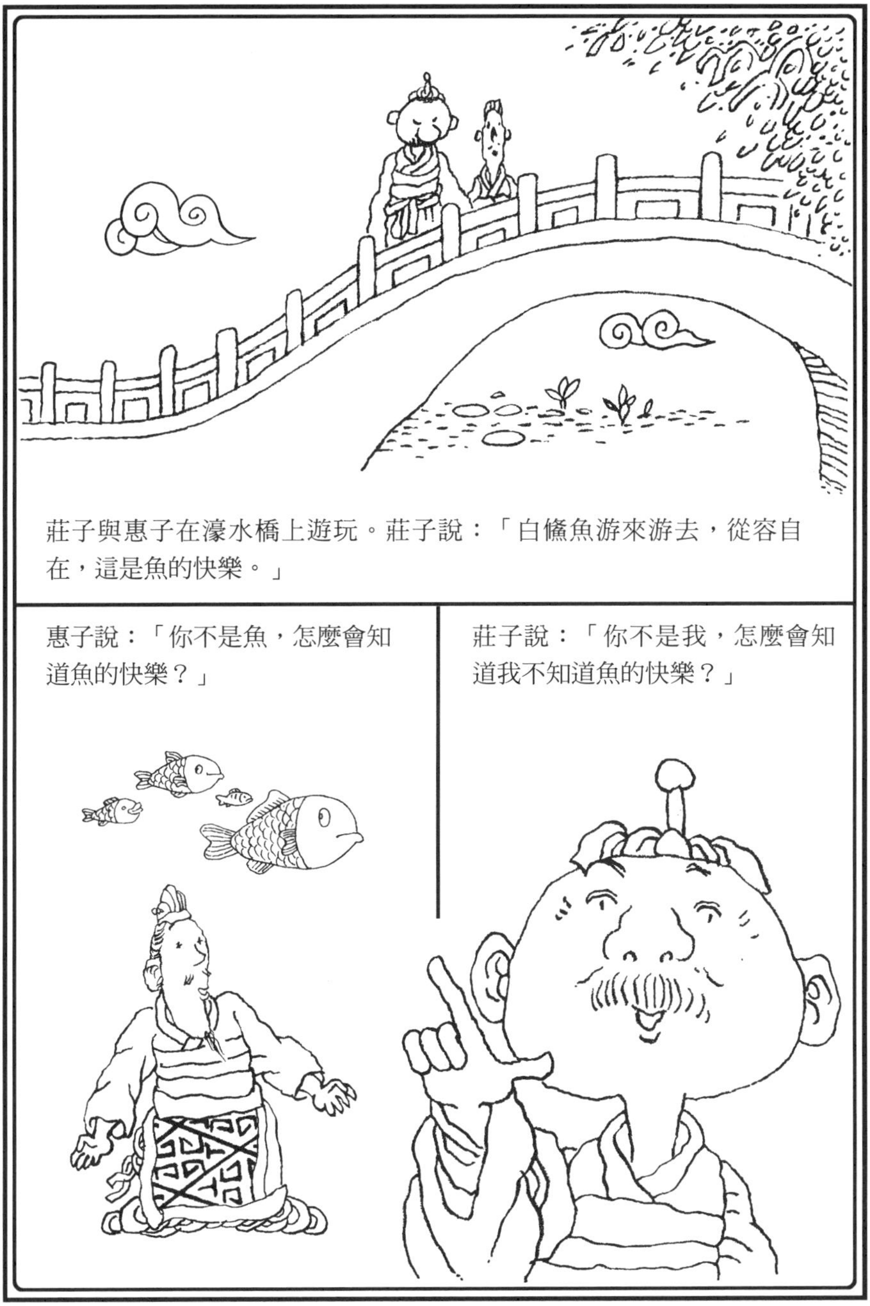
莊子與惠子在濠水橋上遊玩。莊子說：「白鰷魚游來游去，從容自在，這是魚的快樂。」
惠子說：「你不是魚，怎麼會知道魚的快樂？」
莊子說：「你不是我，怎麼會知道我不知道魚的快樂？」

惠子說：「我不是你，固然不知道你的想法；但你原本也不是魚，你也不知道魚的快樂，這就完全正確了！」
子非魚
安知魚之樂
莊子說：「我們回到問題的原點。一開始你說『你怎麼會知道魚的快樂』這句話，說明你已經知道我知道魚的快樂才來問我的。現在我來告訴你吧，我是在濠水橋上知道的。」
噓—現在我告訴你吧，
我是在濠水橋上知道的。

莊子的妻子死了

莊子的妻子死了，惠子來吊喪，看到莊子叉著雙腿像簸箕一樣坐在地上敲著瓦罐唱歌。

惠子說：「你與妻子生活了一輩子，她為你生兒育女，最後衰老而死，她死了你不傷心也就罷了，還敲著瓦罐唱起歌來，未免太過分了吧？」

莊子說：「不對。她剛死的時候，我難道不傷心嗎！然而仔細推究起來，她原本就沒有生命，不但是沒有生命，而且本來就不曾有過形體，不但是不曾有過形體，而且原本就不曾形成元氣。」

「她在恍恍惚惚的境域之中，變化而有了元氣，元氣再變化而有了形體，形體再變化而有了生命，」
「如今又由生變回到死，這就跟春夏秋冬四季運行一樣。現在她就安安穩穩地睡在天地之間。」
而我卻在旁邊嗚嗚地哭個不停，自認為這是不能通達於天命，所以就停止哭泣了。

骷髏頭託夢

莊子在去楚國的途中看見一個骷髏頭，雖然已經乾枯但仍然呈現出人的形貌。莊子用馬鞭從旁側敲了敲問：「先生是貪圖享樂做了不該做的事情，因而成了這個樣子的吧？」

「抑或你遇上了亡國的大事，遭受到刀斧的砍殺，因而成了這個樣子？」

「抑或是做了什麼不好的事情，擔心給父母、妻子兒女留下恥辱，因而羞愧致死成了這樣？」

「還是因為遭受到寒冷與飢餓的災禍而成了這個樣子呢？也許是你享盡天年而成了這樣吧？」莊子說完，拉過骷髏頭來，枕著睡去了。

半夜的時候，骷髏給莊子託夢說：「聽你先前的談話真像是一個善於辯論的人。你所說的那些話，都是活人的負擔，人死了就沒有這麼多的憂慮了。你願意聽人死後的情況嗎？」

莊子說：「當然願意了。」骷髏說：「人死了，在上沒有君主的統治，在下沒有官吏的管轄；也沒有一年四季的操勞，從容安逸地與天地同在，即便南面稱王的快樂，也比不上做死人的快樂。」

莊子不相信，說：「我讓主管生命的神來恢愎你的形體，為你重新長出骨肉肌膚，返回到你的父母、妻子兒女、左右鄰里和朋友故交中去，你願意嗎？」

骷髏緊緊地皺起眉頭，顯出愁苦的樣子說：「我怎麼能拋棄南面稱王的快樂而再次經歷人世的勞苦呢？」

醉酒者的「無為」之道

喝醉酒的人從車上摔下，雖然滿身是傷卻不會死去。

喝醉酒以後骨骼關節和其他人一樣，但受到的傷害卻與其他人不同，這是因為他的精神完備保全，乘坐在車子上醉得不省人事，即使墜落地上也不知道，死、生、驚、懼全都不能進入到他的意識中，所以遭遇外物的傷害卻沒有一點兒懼怕之感。

那個人從醉酒中獲得保全完整的心態尚且能夠如此忘卻外物，何況從自然之道中忘卻外物而保全完整的心態呢？

聖人持守其自然本性與天道契合，所以沒有什麼能夠傷害他。

舉著太陽和月亮走路的人

有個名叫孫休的人，登門拜訪他的老師扁慶子，驚嘆不已地說：「我住在鄉里的時候，沒有人說過我道德修養差，面臨危難也沒有人說過我不勇敢。」

孫休
扁慶子

「但是我耕種的田地裡卻從沒有遇上過好年成，為國家出力也從沒有遇到過聖明的國君，被鄉里所擯棄，被地方官所放逐。」

我什麼地方得罪了上天呢？為什麼我會是這樣的命運？

扁慶子說：「你難道沒有聽說過道德修養極高的人的做法嗎？他們忘卻自己的肝膽，也遺棄了自己的耳目，自在地徘徊在塵世之外，悠閒地生活在不求建樹的環境中，這就叫做有所作為而不自恃，而所建樹而不自滿。」

「如今你誇耀自己很有才幹用以驚嚇眾人，用修養自己的辦法突出他人的汙穢，毫不掩飾地炫耀自己，就像在舉著太陽和月亮走路。」

「你還能保全自己的形體和身軀，擁有你的九竅，沒有半途夭折，變得耳聾、眼瞎、腳跛、腿瘸，還是一個正常人，已經是很幸運的了，哪裡還有閒工夫來抱怨上天呢？」
你還是回去吧！

齊桓公撞見了鬼

齊桓公在草澤中打獵，管仲為他駕車，突然桓公見到了鬼。
停！
桓公拉住管仲的手說：「仲父，你看到什麼了沒有？」管仲說：「我什麼也沒有看到。」
桓公打獵回來，失魂落魄地生了病，好幾天不出門。

齊國有位叫皇告敖的賢人來見桓公。
你是自己傷害了自己，鬼哪裡能夠傷害到你？
「身體內鬱結了氣，如果散不了，就會變得血氣不足；」
「鬱結著的氣上通而不能下達，就會使人易怒；」

「下達而不能上通，就會使人健忘；」
「不上通又不下達，鬱結內心而不離散，那就會生病。」
那麼還有鬼嗎？
告敖回答說：「有，汙水聚積的地方有履鬼，」
「灶裡有灶神，」
「門戶內堆放灰土垃圾的地方有雷霆鬼，」

「東北的牆角下有倍阿鬼、鮭蠪鬼在踴躍；」
「西北方的牆下，有泆陽鬼住在那裡；」
「水裡有水鬼罔象；」
「丘陵裡有山鬼辛，大山裡有山鬼夔；」
峷
夔
「郊野裡有野鬼彷徨；」
「草澤裡還有一種叫委蛇的鬼。」

桓公接著問：「請問，委蛇是什麼樣子呀？」告敖回答說：「委蛇，身軀有車輪般粗，車轅般長，穿著紫衣戴著紅帽。他作為鬼神，最討厭聽到雷車的聲音，一聽見就兩手捧著腦袋站著。見到了這種怪物的人，差不多也就可以做霸主了。」

桓公聽了開懷大笑，說：「這就是我所見到的鬼。」於是他整理好衣帽坐起來和皇子告敖談話，病也就不知不覺地消失了。

祭豬的榮華

掌管祭祀的官吏穿好禮服戴上禮帽來到圈邊，對著柵欄裡的豬說：「你為什麼要討厭死呢？我將餵養你三個月，用十天為你上戒，用三天為你作齋，鋪墊上白茅草，然後把你的肩胛和臀部放在雕有花紋的祭器上，你願意享受這樣的尊貴嗎？」

如果真的是為豬打算，還不如把豬關在豬圈裡，讓牠吃糠咽糟，為自己打算就不一樣了。如果活在世上有高貴榮華的地位，死後則能盛在繪有花紋的柩車上和棺槨中，就要去追求。

為豬考慮要拋棄的
東西，為自己打算
想要求取的東西，
這種人和豬不同的
地方究竟在哪裡
呢？

呆若木雞

紀渻子給周宣王馴養鬥雞。
十天後，周宣王問：「這雞可以鬥了嗎？」紀渻子回答：「不行，正虛浮驕矜，自恃意氣呢。」
過了十天，周宣王又問。紀渻子回答說：「不行，牠聽到了雞的聲音就叫，見到了雞的影子就跳。」

過了十天，周宣王又問，紀渻子回答說：「不行，目光還是銳利，心氣還是旺盛。」
過了十天，周宣王又問，紀渻子回答說：「差不多了，雖然有的雞鳴叫，牠也沒有一點變化，看上去就像一隻木頭雕成的雞，」
「牠的德行已經完備了。別的雞沒有敢於應戰的，見到牠就轉身跑了。」
哇！
其德全矣！

螳螂捕蟬黃雀在後

莊周到雕陵的栗樹林裡遊玩，看見一隻異鵲從南方飛來。異鵲雙翼寬廣有七尺多長，眼睛又圓又大足有一寸，觸到了莊周的額頭後，停在了栗樹林中。

莊周說：「這是什麼鳥啊！翅膀這樣大卻不能遠飛，眼睛大卻看不清東西。」於是提起衣裳快步走去，手拿彈弓，準備伺機射殺異鵲。

這時，看見一隻蟬因為找到了一塊濃蔭，正在得意而忘記了自身的安全。而螳螂正在利用樹葉做遮蔽，準備攻擊這隻蟬，因為見到獵物可得而忘記了自己的形體。

異鵲見螳螂有利可圖，就跟了過去，因貪利而忘掉了自身的性命。
此情此景使莊周驚恐，警惕地說：「哎！萬物原本就是相互牽累，彼此兩兩相互招引的呀！」想到這裡，就扔掉彈弓，急忙返身往回走。
而守園子的人發現後，一邊責罵著一邊追過來。
莊周回到住所後，三天沒有出門。弟子藺且問他：「先生為什麼近來不出門呢？」

莊子
莊周說：「我只知看守外物，卻忘記了自身的安危；觀看混濁之水，卻迷惑了珍貴的清淵。」
「我聽老聃先生說過：『到一個地方去，就要隨從那裡的風俗。』在我到雕陵遊玩卻忘了自身的安危，讓異鵲碰到了我的前額；」
「走到栗林裡卻忘掉了自己的本性，讓守園子的人侮辱了一頓，所以我三日不出門戶。」

不射之射

列禦寇為伯昏瞀人表演射箭，他把弓弦拉得滿滿的，又把一杯水放置在左手手肘上，射出第一支箭，箭還沒有射到靶上就緊接著又搭上了一支箭，剛射出第二支箭就又搭上了另一支箭。這個時候，列禦寇的神情就像是一個木偶人一樣，一動不動。

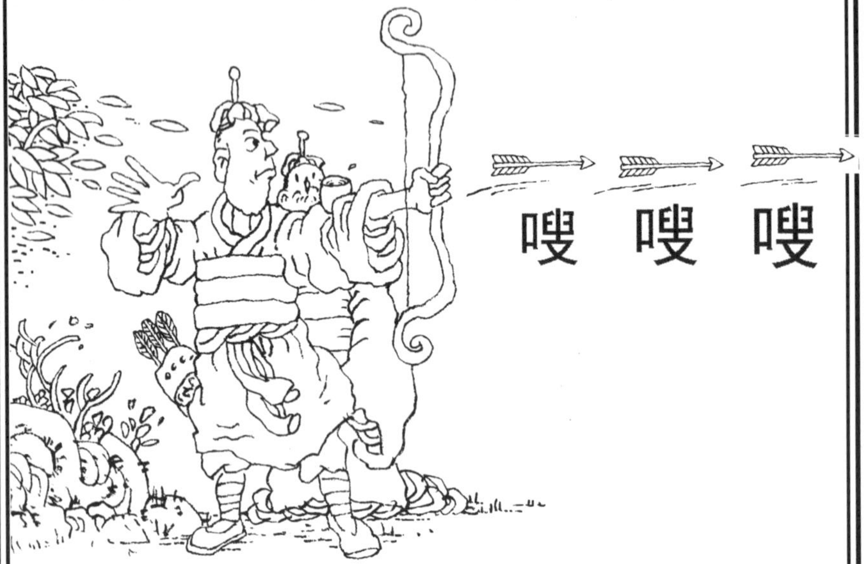

伯昏瞀人看後說：「這只是有心射箭的箭法，還不是無心射箭的射法。我想跟你登上高山，腳踏險石，面對百丈深淵，那時你還能射箭嗎？」

於是伯昏瞀人就登上高山，腳踏險石，身臨百丈深淵，然後再背轉身來慢慢往懸崖退步，直到部分腳掌懸空這才拱手恭請列禦寇跟上來射箭。列禦寇嚇得伏在地上，冷汗直流到腳後跟。

伯昏瞀人說：「一個修養高深的人，上能窺測青天，下能潛察黃泉，精神自由奔放達於宇宙八方，神情始終不會改變。如今你膽戰心驚，頭暈目眩，有了恐懼的念頭，你要射中靶就很困難了！」

魯國只有一個儒士

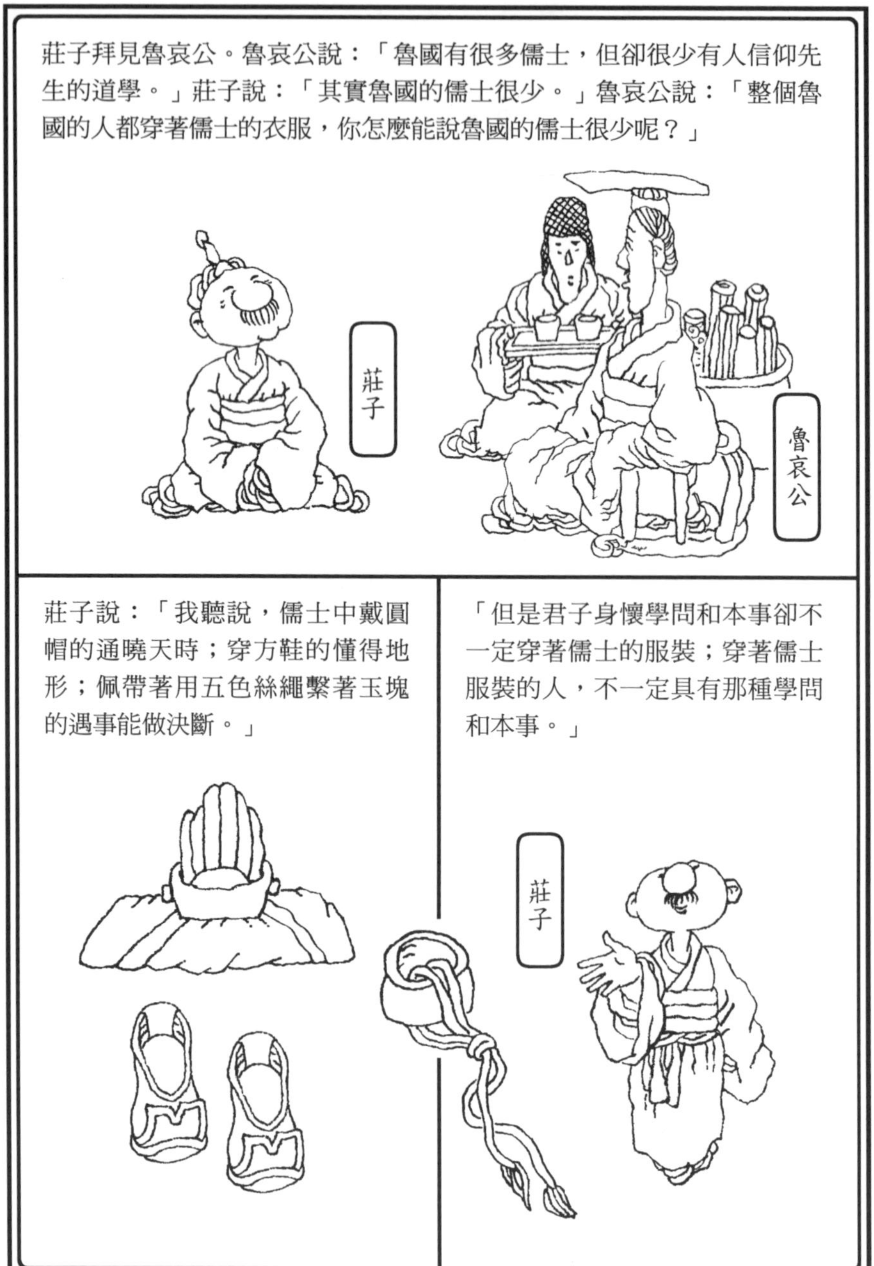
莊子拜見魯哀公。魯哀公說：「魯國有很多儒士，但卻很少有人信仰先生的道學。」莊子說：「其實魯國的儒士很少。」魯哀公說：「整個魯國的人都穿著儒士的衣服，你怎麼能說魯國的儒士很少呢？」
莊子
魯哀公
莊子說：「我聽說，儒士中戴圓帽的通曉天時；穿方鞋的懂得地形；佩帶著用五色絲繩繫著玉塊的遇事能做決斷。」
「但是君子身懷學問和本事卻不一定穿著儒士的服裝；穿著儒士服裝的人，不一定具有那種學問和本事。」
莊子

「你一定認為不是我說的這樣，何不在國中發一個號令：沒有儒士的學問和本事而穿著儒士服裝的人，要處以死罪！。」
於是哀公發出號令，五天以後，魯國國中差不多沒有敢再穿儒士服裝的人，只有一個男子穿著儒士服裝站在朝門的外面。
魯哀公立即召他進來以國事徵詢他的意見，無論多麼複雜的問題都難不住他。
這麼大的一個魯國，而真正的儒者只有這麼一個人，怎麼能說是很多呢？
莊子

百里奚餵牛

百里奚從不把爵位和俸祿放在心上，所以養牛能把牛餵得很肥。
從而使秦穆公忘記了他出身卑微，而把國事交給了他。
舜從來不把生死放在心上，所以能夠感動別人。

聖人無為 大聖不作

天地具有偉大的美德，但卻無法用語言表達；一年四季的運行有明顯的規律，但卻不加以評議；萬物的變化有固定的道理，但卻用不著加以解釋。

聖人正是透過探究天地偉大的美德而通曉萬物生長的道理，所以「聖人」順應自然而無所作為。「大聖」也不妄加行動，之所以這樣，是說他透過對天地細緻地觀察明白了這一切。

大道是極其精微神妙的，它參與了宇宙萬物的各種變化，萬物總是處於不斷變化和消亡的過程中，不管它型態怎樣變化，我們都不知道它變化的根本，一切都是那麼自然而然地存在。

時間與空間算是十分巨大的了，卻始終不能超出道的範圍，秋天的毫毛算是最小的了，還是得仰賴道才能成就其形體。

天下萬物無時不在發生著變化，但作為整體，它始終保持著勃勃的生機，陰陽與四季不停地運行，各有自身的序列。大道無形無象，看起來好像不存在，實際上是無處不在，生機旺盛，萬物被它養育卻一點也未覺察。

我們把大道的這種存在稱之為根本的存在，可以用它來觀察自然之道。

齧缺問道

被衣說：「你要端正你的身體，集中你的精神，這樣，你就可以達到一種自然而然的和諧狀態；收斂你的心智，正和你的信念，神明就會進入你的心靈。德將會自然表現你的美好，道將停留在你的身上，你單純無知而直瞪著眼睛的樣子就像初生的小牛犢，而不會去追求外在的事物！」

被衣的話還沒有說完，齧缺就已經睡著了。被衣高興得不得了，唱著歌兒離開了。

被衣說：「他已經修鍊得身體猶如枯骨，心靈如同死灰，樸實的心思返歸本真，而且不固守某種偏見而自以為了不起，渾渾噩噩，沒有心計，已經不能和他謀劃什麼了。那他將是個什麼樣的人啊！」

吾身非吾有

舜向他的老師丞請教說：「道可以獲得並且據為己有嗎？」
你的身體都不是完全屬於你的，你怎麼能夠獲得並占有大道呢？
舜說：「我的身體不屬於我自己，那是屬於誰的呢？」丞說：「你的身體是天地託給你的；你的生並不是你作主的，是天地寄託在你形體上的一團諧和之氣；」

「你的本性也不是你所擁有的，而是天地賦予你的自然屬性；」
「你的子孫也並不是屬於你所有，那是天地透過你複製出來的另外形體罷了。」
「所以，行走不知道要去哪裡，停留不知道要守什麼，飲食不知道是什麼味道，這一切都不過是天地之間氣的運動，你又怎麼可以獲得並據為己有呢？」

光曜與無有

光曜問無有：「先生你到底是有呢？還是沒有呢？」無有不說話，光曜得不到回答，就仔細地觀察無有的樣子，他是那麼深遠、那麼空虛，整天看他卻看不見，整天聽他卻聽不到，想摸他一下卻怎麼也摸不著。

光曜說：「這真是最高的境界呀，誰能夠達到這種境界呢！我能夠做到看不到、聽不到，卻不能達到一無所有的無無境界，等到做到了『無』，卻仍然是在基於『有』，從哪兒能夠達到這種境界呀！」

於物無視 非鉤無察

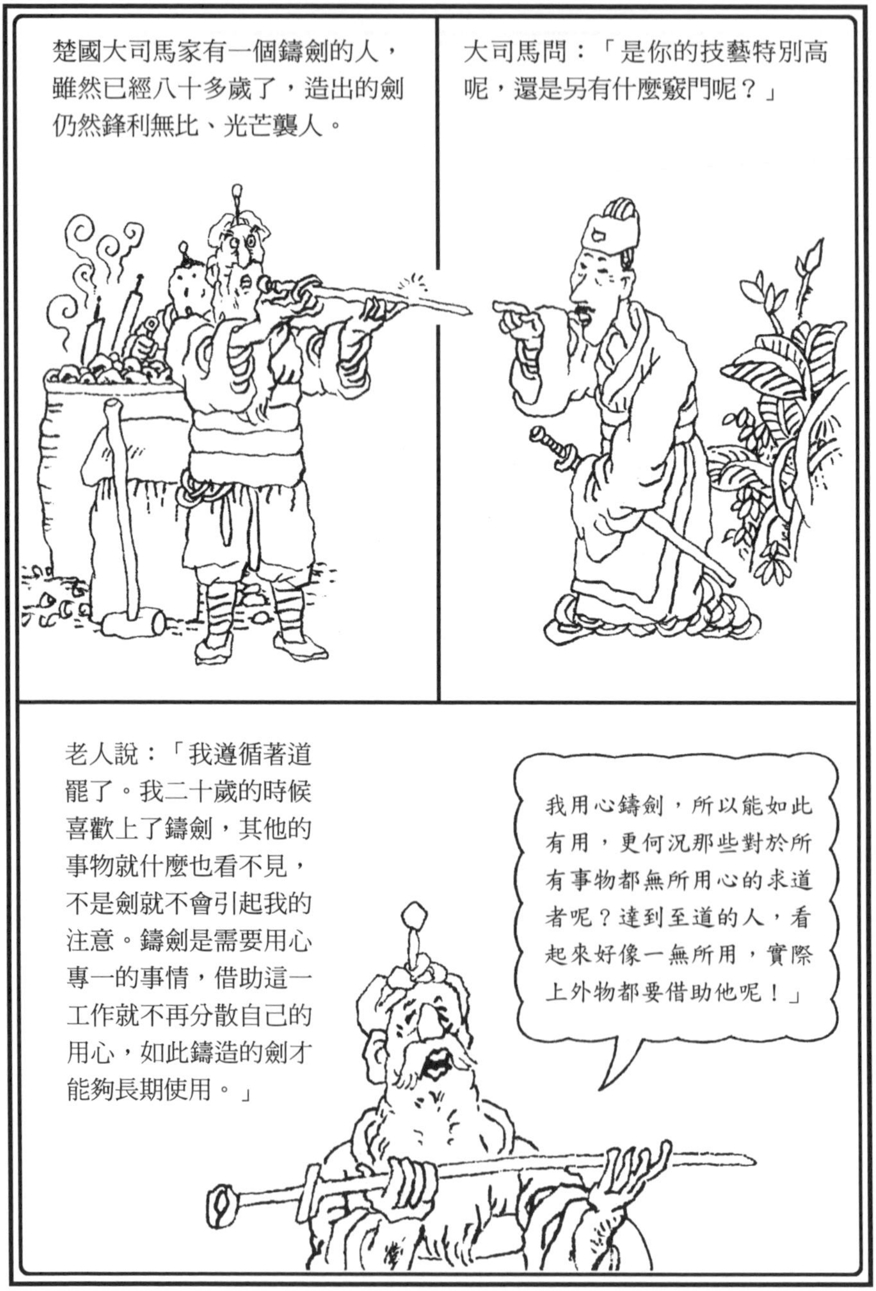
楚國大司馬家有一個鑄劍的人，雖然已經八十多歲了，造出的劍仍然鋒利無比、光芒襲人。
大司馬問：「是你的技藝特別高呢，還是另有什麼竅門呢？」
老人說：「我遵循著道罷了。我二十歲的時候喜歡上了鑄劍，其他的事物就什麼也看不見，不是劍就不會引起我的注意。鑄劍是需要用心專一的事情，借助這一工作就不再分散自己的用心，如此鑄造的劍才能夠長期使用。」
我用心鑄劍，所以能如此有用，更何況那些對於所有事物都無所用心的求道者呢？達到至道的人，看起來好像一無所用，實際上外物都要借助他呢！」

匠石運斧

莊子送葬的時候，路過惠子的墳墓，不禁心生感慨。

他回頭對跟著的人說：「郢國有一個人，他在自己的鼻尖上塗抹了像蒼蠅翅膀那樣大小的白灰泥，讓匠石用斧子砍掉白灰泥。」

「匠石揮動斧子呼呼作響，『嗖』地一聲，鼻尖上的白灰泥就完全除去，而鼻子卻毫無損傷，郢國的那個人也若無其事、不失常態地站在那裡。」

「宋元君聽到了這件事，就召見匠石說：『你為我也這麼試一試。』匠石說：『我曾經確實砍掉了鼻尖上的小灰泥。但是，那個敢讓我砍的人已經死去很久了。』」

莊子接著說：「自從惠子離開人世以後，我沒有對手了。我沒有可以與之辯論的人了！」

國家圖書館出版品預行編目資料

漫畫莊子寓言哲學 / 周春才作. ——二版——新北市：晶冠出版有限公司，2025.01
面；公分·——（薪經典 ； 26）

ISBN 978-626-99005-3-4（平裝）

1.CST: 莊子 2.CST: 漫畫

121.33 114000130

薪經典 26

漫畫莊子寓言哲學 【長銷經典版】

作　　者　周春才
行政總編　方柏霖
副總編輯　林美玲
封面設計　黃木瑩
出版發行　晶冠出版有限公司
電　　話　02-7731-5558
傳　　真　02-2245-1479
E-mail　ace.reading@gmail.com
總 代 理　旭昇圖書有限公司
電　　話　02-2245-1480（代表號）
傳　　真　02-2245-1479
郵政劃撥　12935041 旭昇圖書有限公司
地　　址　新北市中和區中山路二段352號2樓
E-mail　s1686688@ms31.hinet.net
印　　製　福霖印刷有限公司
定　　價　新台幣360元
出版日期　2025年03月 二版一刷
ISBN-13　978-626-99005-3-4

漫畫易經

全球第一本用漫畫解析萬物無窮變化的哲理，
讓你一看就懂！

《易經》是中國古代一部神祕的著作被儒家尊為群經之首，是我國最古老的一部占筮書，同時也是一部凝結著遠古先民睿智卓識的哲學著作。有人說它可以趨吉避凶，有人說它可以預卜未來，這部上古就出現的聖書究竟有何魔力能夠歷經數千年而越發令世人稱奇？

以「1」（陽爻）與「0」（陰爻）兩個元素的交叉組合解構自然萬物的《易經》，幾千年來，被廣泛地運用在政治、經濟、軍事、天文、地理、人文、科學、哲學等領域中，也因此被認為猶如天書般，很難理解。《漫畫易經》採通俗、生動的圖文，化簡為易，全面詮釋了河圖、洛書、八卦及六十四卦的起源與原理，另對易學產生的背景和中醫養生學也做了翔實的考證。周春才所編著之《漫畫易經》，採用漫畫圖解方式將《易經》中無窮變化的卦象、不易通透的神祕性轉化為實用性，實為了解易經的入門教材。